PREFAZIONE

La raccolta di frasari da viaggio "Andrà tutto bene!" pubblicati da T&P Books è destinata a coloro che viaggiano all'estero per turismo e per motivi professionali. I frasari contengono ciò che conta di più - gli elementi essenziali per la comunicazione di base. Questa è un'indispensabile serie di frasi utili per "sopravvivere" durante i soggiorni all'estero.

Questo frasario potrà esservi di aiuto nella maggior parte dei casi in cui dovrete chiedere informazioni, ottenere indicazioni stradali, domandare quanto costa qualcosa, ecc. Risulterà molto utile per risolvere situazioni dove la comunicazione è difficile e i gesti non possono aiutarci.

Questo libro contiene molte frasi che sono state raggruppate a seconda degli argomenti più importanti. Questa edizione include anche un piccolo vocabolario che contiene circa 3.000 termini più utilizzati abitualmente. Un'altra sezione del frasario contiene un dizionario gastronomico che vi sarà utile per ordinare pietanze al ristorante o per fare acquisti di genere alimentare.

Durante i vostri viaggi portate con voi il frasario "Andrà tutto bene!" e disporrete di un insostituibile compagno di viaggio che vi aiuterà nei momenti di difficoltà e vi insegnerà a non avere paura di parlare in un'altra lingua straniera.

INDICE

T&P Books Publishing

La raccolta di frasari da viaggio
"Andrà tutto bene!"

T&P Books Publishing

FRASARIO
BIELORUSSO

Andrey Taranov

I TERMINI E LE ESPRESSIONI PIÙ UTILI

Questo frasario contiene espressioni e domande di uso comune che risulteranno utili per intraprendere conversazioni di base con gli stranieri

Frasario + dizionario da 3000 vocaboli

Frasario Italiano-Bielorusso e vocabolario tematico da 3000 vocaboli

Di Andrey Taranov

La raccolta di frasari da viaggio "Andrà tutto bene!" pubblicati da T&P Books è destinata a coloro che viaggiano all'estero per turismo e per motivi professionali. I frasari contengono ciò che conta di più - gli elementi essenziali per la comunicazione di base. Questa è un'indispensabile serie di frasi utili per "sopravvivere" durante i soggiorni all'estero.

Questo libro inoltre include un piccolo vocabolario tematico che comprende circa 3.000 termini più utilizzati abitualmente. Un'altra sezione del frasario contiene un dizionario gastronomico che vi sarà utile per ordinare pietanze al ristorante o per fare acquisti di genere alimentare.

T&P Books Publishing
www.tpbooks.com

ISBN: 978-1-78616-852-8

Questo libro è disponibile anche in formato e-book.
Visitate il sito www.tpbooks.com o le principali librerie online.

PRONUNCIA

Lettera	Esempio bielorusso	Alfabeto fonetico T&P	Esempio italiano
А а	Англія	[a]	macchia
Б б	бульба	[b]	bianco
В в	вечар	[v]	volare
Г г	галава	[ɦ]	simile gufo, gatto
Д д	дзіця	[d]	doccia
Дж дж	джаз	[ʤ]	piangere
Е е	метр	[ɛ]	centro
Ё ё	вясёлы	[jɔ]	New York
Ж ж	жыццё	[ʒ]	beige
З з	заўтра	[z]	rosa
І і	нізкі	[i]	vittoria
Й й	англійскі	[j]	New York
К к	красавік	[k]	cometa
Л л	лінія	[l]	saluto
М м	камень	[m]	mostra
Н н	Новы год	[n]	notte
О о	опера	[ɔ]	romanzo
П п	піва	[p]	pieno
Р р	морква	[r]	ritmo, raro
С с	соль	[s]	sapere
Т т	трус	[t]	tattica
У у	ізумруд	[u]	prugno
Ў ў	каўбаса	[w]	week-end
Ф ф	футра	[f]	ferrovia
Х х	захад	[h]	[h] aspirate
Ц ц	цэнтр	[ʦ]	calzini
Ч ч	пачатак	[ʧ], [ɕ]	cinque
Ш ш	штодня	[ʃ]	ruscello
Ь ь	попельніца	[ʲ]	Jer molle
Ы ы	рыжы	[ɨ]	tattica
'	сузор'е	[ˀ]	Jer dura
Э э	Грэцыя	[ɛ]	centro
Ю ю	плюс	[ʉ]	aiutare
Я я	трусяня	[ja], [ʲa]	piazza

Lettera	Esempio bielorusso	Alfabeto fonetico T&P	Esempio italiano

Combinazioni di lettere

дз	**дзень**	[ʣ]	zebra
дзь	**лебедзь**	[ʥ]	giraffa
дж	**джаз**	[ʤ]	piangere

LISTA DELLE ABBREVIAZIONI

Italiano. Abbreviazioni

agg	-	aggettivo
anim.	-	animato
avv	-	avverbio
cong	-	congiunzione
ecc.	-	eccetera
f	-	sostantivo femminile
f pl	-	femminile plurale
fem.	-	femminile
form.	-	formale
inanim.	-	inanimato
inform.	-	familiare
m	-	sostantivo maschile
m pl	-	maschile plurale
m, f	-	maschile, femminile
masc.	-	maschile
mil.	-	militare
pl	-	plurale
pron	-	pronome
qc	-	qualcosa
qn	-	qualcuno
sing.	-	singolare
v aus	-	verbo ausiliare
vi	-	verbo intransitivo
vi, vt	-	verbo intransitivo, transitivo
vr	-	verbo riflessivo
vt	-	verbo transitivo

Bielorusso. Abbreviazioni

ж	-	sostantivo femminile
ж мн	-	femminile plurale
м	-	sostantivo maschile
м мн	-	maschile plurale
м, ж	-	maschile, femminile

мн	-	plurale
н	-	neutro
н мн	-	plurale neutro

FRASARIO BIELORUSSO

Questa sezione contiene frasi importanti che potranno rivelarsi utili in varie situazioni di vita quotidiana. Il frasario vi sarà di aiuto per chiedere indicazioni, chiarire il prezzo di qualcosa, comprare dei biglietti e ordinare pietanze in un ristorante

T&P Books Publishing

INDICE DEL FRASARIO

T&P Books Publishing

Il minimo indispensabile

Mi scusi, …	**Прабачце, …** [pra'batʃʦe, …]
Buongiorno.	**Прывітанне.** [privi'tanne.]
Grazie.	**Дзякуй.** [ʣʲakuj.]
Arrivederci.	**Да пабачэння.** [da paba'ʧɛnnʲa.]
Sì.	**Так.** [tak.]
No.	**Не.** [ne.]
Non lo so.	**Я ня ведаю.** [ʲa nʲa 'vedaʉ.]
Dove? | Dove? (~ stai andando?) | Quando?	**Дзе? | Куды? | Калі?** [ʣe? | ku'dɨ? | ka'li?]

Ho bisogno di …	**Мне трэба …** [mne 'trɛba …]
Voglio …	**Я хачу …** [ʲa ha'ʧu …]
Avete …?	**У вас ёсць …?** [u vas ʲosʦʲ …?]
C'è un /una/ … qui?	**Тут ёсць …?** [tut ʲosʦʲ …?]
Posso …?	**Я магу …?** [ʲa ma'ɦu …?]
per favore	**Калі ласка** [ka'li 'laska]

Sto cercando …	**Я шукаю …** [ʲa ʃu'kaʉ …]
il bagno	**туалет** [tua'let]
un bancomat	**банкамат** [banka'mat]
una farmacia	**аптэку** [ap'tɛku]
un ospedale	**бальніцу** [balj'niʦu]
la stazione di polizia	**аддзяленне міліцыі** [aʣʲa'lenne mi'liʦɨi]
la metro	**метро** [me'trɔ]

un taxi	**таксі** [tak'si]
la stazione (ferroviaria)	**вакзал** [vak'zal]

Mi chiamo ...	**Мяне завуць ...** [mʲa'ne za'vuʦʲ ...]
Come si chiama?	**Як вас завуць?** [ʲak vas za'vuʦʲ?]
Mi può aiutare, per favore?	**Дапамажыце мне, калі ласка.** [dapama'ʒɨʦe mne, ka'li 'laska?]
Ho un problema.	**У мяне праблема.** [u mʲa'ne prab'lema.]
Mi sento male.	**Мне дрэнна.** [mne 'drɛnna.]
Chiamate l'ambulanza!	**Выклікайце хуткую дапамогу!** [vɨklikajʦe 'hutkuʉ dapa'mɔɦu!]
Posso fare una telefonata?	**Магу я пазваніць?** [ma'ɦu ʲa pazva'niʦʲ?]

Mi dispiace.	**Выбачце.** [vɨbaʧʦe.]
Prego.	**Калі ласка.** [ka'li 'laska.]

io	**я** [ʲa]
tu	**ты** [tɨ]
lui	**ён** [ʲon]
lei	**яна** [ʲa'na]
loro (m)	**яны** [ʲa'nɨ]
loro (f)	**яны** [ʲa'nɨ]
noi	**мы** [mɨ]
voi	**вы** [vɨ]
Lei	**вы** [vɨ]

ENTRATA	**УВАХОД** [uva'hɔd]
USCITA	**ВЫХАД** [vɨhad]
FUORI SERVIZIO	**НЕ ПРАЦУЕ** [ne pra'ʦue]
CHIUSO	**ЗАЧЫНЕНА** [za'ʧɨnena]

APERTO	**АДЧЫНЕНА** [at'ʧɨnena]
DONNE	**ДЛЯ ЖАНЧЫН** [dlʲa ʒan'ʧɨn]
UOMINI	**ДЛЯ МУЖЧЫН** [dlʲa muʒ'ʧɨn]

Domande

Dove?	**Дзе?** [ʣe?]
Dove? (~ stai andando?)	**Куды?** [ku'dɨ?]
Da dove?	**Адкуль?** [at'kulʲ?]
Perchè?	**Чаму?** [ʧa'mu?]
Per quale motivo?	**Навошта?** [na'vɔʃta?]
Quando?	**Калі?** [ka'li?]

Per quanto tempo?	**Як доўга?** [ʲak 'dɔwɦa?]
A che ora?	**У колькі ?** [u 'kɔlʲki?]
Quanto?	**Колькі каштуе?** [kɔlʲki kaʃ'tue?]
Avete ...?	**У вас ёсць ...?** [u vas ʲɔsʦʲ ...?]
Dov'e ...?	**Дзе знаходзіцца ...?** [ʣe zna'hɔʣiʦa ...?]

Che ore sono?	**Колькі часу?** [kɔlʲki 'ʧasu?]
Posso fare una telefonata?	**Магу я пазваніць?** [ma'ɦu ʲa pazva'niʦʲ?]
Chi è?	**Хто там?** [htɔ tam?]
Si può fumare qui?	**Тут дазволена курыць?** [tut daz'vɔlena ku'rɨʦʲ?]
Posso ...?	**Я магу ...?** [ʲa ma'ɦu ...?]

Necessità

Vorrei …
Я б хацеў /хацела/ …
[ʲa b ha'tsew /ha'tsela/ …]

Non voglio …
Я не хачу …
[ʲa ne ha'tʃu …]

Ho sete.
Я хачу піць.
[ʲa ha'tʃu pitsʲ.]

Ho sonno.
Я хачу спаць.
[ʲa ha'tʃu spatsʲ.]

Voglio …
Я хачу …
[ʲa ha'tʃu …]

lavarmi
памыцца
[pa'mɨtsa]

lavare i denti
пачысціць зубы
[pa'tʃɨsʲtsitsʲ 'zubɨ]

riposae un po'
крыху адпачыць
[krɨhu adpa'tʃɨtsʲ]

cambiare i vestiti
пераапрануцца
[peraapra'nutsa]

---

tornare in albergo
вярнуцца ў гасцініцу
[vʲar'nutsa w ɦas'tsinitsu]

comprare …
купіць …
[ku'pitsʲ …]

andare a …
з'ездзіць у …
[z'ezdzitsʲ u …]

visitare …
наведаць …
[na'vedatsʲ …]

incontrare …
сустрэцца з …
[sus'trɛtsa z …]

fare una telefonata
пазваніць
[pazva'nitsʲ]

Sono stanco.
Я стаміўся /стамілася/.
[ʲa sta'miwsʲa /sta'milasʲa/.]

Siamo stanchi.
Мы стаміліся.
[mɨ sta'milisʲa.]

Ho freddo.
Мне холадна.
[mne 'hɔladna.]

Ho caldo.
Мне горача.
[mne 'ɦɔratʃa.]

Sto bene.
Мне нармальна.
[mne nar'malʲna.]

Devo fare una telefonata.	**Мне трэба пазваніць.** [mne 'trɛba pazva'nitsʲ.]
Devo andare in bagno.	**Мне трэба ў туалет.** [mne 'trɛba w tua'let.]
Devo andare.	**Мне трэба ісці.** [mne 'trɛba is'tsi.]
Devo andare adesso.	**Мне трэба ісці.** [mne 'trɛba is'tsi.]

Come chiedere indicazioni

Mi scusi, ...	**Прабачце, ...** [pra'batʃtse, ...]
Dove si trova ...?	**Дзе знаходзіцца ...?** [dze zna'hɔdzitsa ...?]
Da che parte è ...?	**У якім напрамку знаходіцца ...?** [u ʲa'kim na'pramku zna'hɔditsa ...?]
Mi può aiutare, per favore?	**Дапамажыце мне, калі ласка.** [dapama'ʒɨtse mne, ka'li 'laska.]
Sto cercando ...	**Я шукаю ...** [ʲa ʃu'kaʉ ...]
Sto cercando l'uscita.	**Я шукаю выхад.** [ʲa ʃu'kaʉ 'vɨhad.]
Sto andando a ...	**Я еду ў ...** [ʲa 'edu w ...]
Sto andando nella direzione giusta per ...?	**Ці правільна я іду ...?** [tsi 'pravilʲna ʲa idu ...?]
E' lontano?	**Гэта далёка?** [ɦɛta da'lʲoka?]
Posso andarci a piedi?	**Я дайду туды пешшу?** [ʲa daj'du tu'dɨ 'peʃu?]
Può mostrarmi sulla piantina?	**Пакажыце мне на карце, калі ласка.** [paka'ʒɨtse mne na kartse, ka'li 'laska.]
Può mostrarmi dove ci troviamo adesso.	**Пакажыце, дзе мы зараз.** [paka'ʒɨtse, dze mɨ 'zaraz.]
Qui	**Тут** [tut]
Là	**Там** [tam]
Da questa parte	**Сюды** [sʉ'dɨ]
Giri a destra.	**Павярніце направа.** [pavʲar'nitse na'prava.]
Giri a sinistra.	**Павярніце налева** [pavʲar'nitse na'leva.]
La prima (la seconda, la terza) strada	**першы (другі, трэці) паварот** [perʃɨ (dru'ɦi, 'trɛtsi) pava'rɔt]

a destra	**направа** [na'prava]
a sinistra	**налева** [na'leva]
Vada sempre dritto.	**Ідзіце прама.** [i'dzitse 'prama.]

Segnaletica

BENVENUTO!	**САРДЭЧНА ЗАПРАШАЕМ!** [sar'dɛʧna zapra'ʃaem!]
ENTRATA	**УВАХОД** [uva'hɔd]
USCITA	**ВЫХАД** [vɨhad]
SPINGERE	**АД СЯБЕ** [at sʲa'be]
TIRARE	**НА СЯБЕ** [na sʲa'be]
APERTO	**АДЧЫНЕНА** [at'ʧɨnena]
CHIUSO	**ЗАЧЫНЕНА** [za'ʧɨnena]
DONNE	**ДЛЯ ЖАНЧЫН** [dlʲa ʒan'ʧɨn]
UOMINI	**ДЛЯ МУЖЧЫН** [dlʲa muʒ'ʧɨn]
BAGNO UOMINI	**МУЖЧЫНСКІ ТУАЛЕТ** [muʒ'ʧɨnski tua'let]
BAGNO DONNE	**ЖАНОЧЫ ТУАЛЕТ** [ʒa'nɔʧɨ tua'let]
SALDI | SCONTI	**ЗНІЖКІ** [zniʒki]
IN SALDO	**РАСПРОДАЖ** [ras'prɔdaʃ]
GRATIS	**БЯСПЛАТНА** [bʲas'platna]
NOVITA!	**НАВІНКА!** [na'vinka!]
ATTENZIONE!	**УВАГА!** [u'vaɦa!]
COMPLETO	**МЕСЦАЎ НЯМА** [mesʲʦaw nʲa'ma]
RISERVATO	**ЗАРЭЗЕРВАВАНА** [zarɛzerva'vana]
AMMINISTRAZIONE	**АДМІНІСТРАЦЫЯ** [admini'straʦɨʲa]
RISERVATO AL PERSONALE	**ТОЛЬКІ ДЛЯ ПЕРСАНАЛУ** [tɔlʲki dlʲa persa'nalu]

ATTENTI AL CANE!	**ЗЛЫ САБАКА** [zlɨ sa'baka]
VIETATO FUMARE	**НЕ КУРЫЦЬ!** [ne ku'rɨts'!]
NON TOCCARE	**РУКАМІ НЕ КРАНАЦЬ!** [ru'kami ne kra'nats'!]
PERICOLOSO	**НЕБЯСПЕЧНА** [neb'a'spetʃna]
PERICOLO	**НЕБЯСПЕКА** [neb'a'speka]
ALTA TENSIONE	**ВЫСОКАЕ НАПРУЖАННЕ** [vɨ'sɔkae nap'ruʒanne]
DIVIETO DI BALNEAZIONE	**КУПАЦЦА ЗАБАРОНЕНА** [ku'patsa zaba'rɔnena]
FUORI SERVIZIO	**НЕ ПРАЦУЕ** [ne pra'tsue]
INFIAMMABILE	**ВОГНЕНЕБЯСПЕЧНА** [vɔɦneneb'as'petʃna]
VIETATO	**ЗАБАРОНЕНА** [zaba'rɔnena]
VIETATO L'ACCESSO	**ПРАХОД ЗАБАРОНЕНЫ** [pra'hɔd zaba'rɔnenɨ]
PITTURA FRESCA	**АФАРБАВАНА** [afarba'vana]
CHIUSO PER RESTAURO	**ЗАЧЫНЕНА НА РАМОНТ** [za'tʃɨnena na ra'mɔnt]
LAVORI IN CORSO	**РАМОНТНЫЯ РАБОТЫ** [ra'mɔntnɨ'a ra'bɔtɨ]
DEVIAZIONE	**АБ'ЕЗД** [a'b'ezt]

Mezzi di trasporto - Frasi generiche

aereo	**самалёт** [sama'lʲot]
treno	**цягнік** [tsʲaɦ'nik]
autobus	**аўтобус** [aw'tɔbus]
traghetto	**паром** [pa'rɔm]
taxi	**таксі** [tak'si]
macchina	**машына** [ma'ʃɨna]

---

orario	**расклад руху** [ras'klad 'ruhu]
Dove posso vedere l'orario?	**Дзе можна паглядзець расклад руху?** [dze 'mɔʒna paɦlʲa'dzetsʲ ras'klad 'ruhu?]
giorni feriali	**працоўныя дні** [pra'tsɔwnɨʲa dni]
giorni di festa (domenica)	**выхадныя дні** [vɨhad'nɨʲa dni]
giorni festivi	**святочныя дні** [svʲa'tɔtʃnɨʲa dni]

PARTENZA	**АДПРАЎЛЕННЕ** [adpraw'lenne]
ARRIVO	**ПРЫБЫЦЦЁ** [prɨbɨ'tsʲo]
IN RITARDO	**ЗАТРЫМЛІВАЕЦЦА** [za'trɨmlivaetsa]
CANCELLATO	**АДМЕНЕНЫ** [ad'menenɨ]

---

il prossimo (treno, ecc.)	**наступны** [na'stupnɨ]
il primo	**першы** [perʃɨ]
l'ultimo	**апошні** [a'pɔʃni]

Quando è il prossimo …?	**Калі будзе наступны …?** [ka'li 'budʑe na'stupnɨ …?]
Quando è il primo …?	**Калі адыходзіць першы …?** [ka'li adɨhɔdzitsʲ 'perʃɨ …?]
Quando è l'ultimo …?	**Калі адыходзіць апошні …?** [ka'li adɨhɔdzitsʲ a'pɔʃni …?]

scalo	**перасадка** [pera'satka]
effettuare uno scalo	**зрабіць перасадку** [zra'bitsʲ pera'satku]
Devo cambiare?	**Мне патрэбна рабіць перасадку?** [mne pa'trɛbna ra'bitsʲ pera'satku?]

Acquistando un biglietto

Dove posso comprare i biglietti?	**Дзе я магу купіць білеты?** [ʤze ʲa ma'ɦu ku'piʦʲ bi'letɨ?]
biglietto	**білет** [bi'let]
comprare un biglietto	**купіць білет** [ku'piʦʲ bi'let]
il prezzo del biglietto	**кошт білета** [kɔʃt bi'leta]

Dove?	**Куды?** [ku'dɨ?]
In quale stazione?	**Да якой станцыі?** [da ʲa'kɔj 'stanʦɨi?]
Avrei bisogno di …	**Мне трэба …** [mne 'trɛba …]
un biglietto	**адзін білет** [a'ʣin bi'let]
due biglietti	**два білета** [dva bi'leta]
tre biglietti	**тры білета** [trɨ bi'leta]

solo andata	**у адзін бок** [u a'ʣin bɔk]
andata e ritorno	**туды і назад** [tu'dɨ i na'zad]
prima classe	**першы клас** [perʃɨ klas]
seconda classe	**другі клас** [dru'ɦi klas]

oggi	**сёння** [sʲonnʲa]
domani	**заўтра** [zawtra]
dopodomani	**паслязаўтра** [paslʲa'zawtra]
la mattina	**раніцай** [raniʦaj]
nel pomeriggio	**удзень** [u'ʣenʲ]
la sera	**увечары** [u'veʧarɨ]

posto lato corridoio	**месца ля праходу** [mesʲtsa lʲa pra'hɔdu]
posto lato finestrino	**месца ля вакна** [mesʲtsa lʲa vak'na]
Quanto?	**Колькі?** [kɔlʲki?]
Posso pagare con la carta di credito?	**Магу я заплаціць карткай?** [ma'ɦu ʲa zapla'tsitsʲ 'kartkaj?]

Autobus

autobus	**аўтобус** [aw'tɔbus]
autobus interurbano	**міжгародны аўтобус** [miʒɦa'rɔdnɨ aw'tɔbus]
fermata dell'autobus	**аўтобусны прыпынак** [aw'tɔbusnɨ prɨ'pɨnak]
Dov'è la fermata dell'autobus più vicina?	**Дзе бліжэйшы аўтобусны прыпынак?** [dze bli'ʒɛjʃɨ aw'tɔbusnɨ prɨ'pɨnak?]

numero	**нумар** [numar]
Quale autobus devo prendere per andare a …?	**Які аўтобус ідзе да …?** [ʲaki aw'tɔbus i'dze da …?]
Questo autobus va a …?	**Гэты аўтобус ідзе да …?** [ɦɛtɨ aw'tɔbus i'dze da …?]
Qual'è la frequenza delle corse degli autobus?	**Як часта ходзяць аўтобусы?** [ʲak 'ʧasta 'hɔdzʲatsʲ aw'tɔbusɨ?]

ogni 15 minuti	**кожныя пятнаццаць хвілін** [kɔʒnɨʲa pʲat'natsatsʲ hvi'lin]
ogni mezzora	**кожныя паўгадзіны** [kɔʒnɨʲa pawɦa'dzinɨ]
ogni ora	**кожную гадзіну** [kɔʒnuʉ ɦa'dzinu]
più a volte al giorno	**некалькі разоў на дзень** [nekalʲki ra'zɔw na dzenʲ]
… volte al giorno	**… раз на дзень** [… raz na dzenʲ]

orario	**расклад руху** [ras'klad 'ruhu]
Dove posso vedere l'orario?	**Дзе можна паглядзець расклад руху?** [dze 'mɔʒna paɦlʲa'dzetsʲ ras'klad 'ruhu?]
Quando passa il prossimo autobus?	**Калі будзе наступны аўтобус?** [ka'li 'budze nas'tupnɨ aw'tɔbus?]
A che ora è il primo autobus?	**Калі адыходзіць першы аўтобус?** [ka'li adɨ'hɔdzitsʲ 'perʃɨ aw'tɔbus?]
A che ora è l'ultimo autobus?	**Калі адыходзіць апошні аўтобус?** [ka'li adɨ'hɔdzitsʲ a'pɔʃni aw'tɔbus?]

fermata — **прыпынак**
[prɨ'pɨnak]

prossima fermata — **наступны прыпынак**
[na'stupnɨ prɨ'pɨnak]

ultima fermata — **канцавы прыпынак**
[kantsa'vɨ prɨ'pɨnak]

Può fermarsi qui, per favore. — **Спыніце тут, калі ласка.**
[spɨ'nitse tut, ka'li 'laska.]

Mi scusi, questa è la mia fermata. — **Дазвольце, гэта мой прыпынак.**
[daz'vɔlʲtse, 'ɦɛta mɔj prɨ'pɨnak.]

Treno

treno	**цягнік** [ʦʲaɦ'nik]
treno locale	**прыгарадны цягнік** [priɦaradnɨ ʦʲaɦ'nik]
treno a lunga percorrenza	**цягнік дальняга следавання** [ʦʲaɦ'nik 'dalʲnʲaɦa 'sledavannʲa]
stazione (~ ferroviaria)	**вакзал** [vak'zal]
Mi scusi, dov'è l'uscita per il binario?	**Прабачце, дзе выхад да цягнікоў?** [pra'baʧʦe, ʣe 'vɨhad da ʦʲaɦni'kɔw?]
Questo treno va a …?	**Гэты цягнік ідзе да …?** [ɦɛtɨ ʦʲaɦ'nik i'ʣe da …?]
il prossimo treno	**наступны цягнік** [na'stupnɨ ʦʲaɦ'nik]
Quando è il prossimo treno?	**Калі будзе наступны цягнік?** [kali 'buʣe na'stupnɨ ʦʲaɦ'nik?]
Dove posso vedere l'orario?	**Дзе можна паглядзець расклад руху?** [ʣe 'mɔʒna paɦlʲa'ʣeʦʲ ras'klad 'ruhu?]
Da quale binario?	**Ад якой платформы?** [at 'ʲakɔj plat'fɔrmɨ?]
Quando il treno arriva a … ?	**Калі цягнік прыбудзе ў …?** [kali ʦʲaɦ'nik prɨ'buʣe w …?]
Mi può aiutare, per favore.	**Дапамажыце мне, калі ласка.** [dapama'ʒɨʦe mne, ka'li 'laska.]
Sto cercando il mio posto.	**Я шукаю сваё месца.** ['ʲa ʃu'kaʉ svaʲo 'mesʲʦa.]
Stiamo cercando i nostri posti.	**Мы шукаем нашыя месцы.** [mɨ ʃu'kaem 'naʃɨʲa 'mesʲʦɨ.]
Il mio posto è occupato.	**Маё месца занята.** [maʲo 'mesʲʦa za'nʲata.]
I nostri posti sono occupati.	**Нашыя месцы заняты.** [naʃɨʲa 'mesʲʦɨ za'nʲatɨ.]
Mi scusi, ma questo è il mio posto.	**Прабачце, калі ласка, але гэта маё месца.** [pra'baʧʦe, ka'li 'laska, ale 'ɦɛta maʲo 'mesʲʦa.]

E' occupato?	**Гэта месца свабодна?** [ɦɛta 'mesʲʦa sva'bɔdna?]
Posso sedermi qui?	**Магу я тут сесці?** [ma'ɦu ʲa tut 'sesʲʦi?]

Sul treno - Dialogo (Senza il biglietto)

Biglietto per favore.	**Ваш білет, калі ласка.** [vaʃ bi'let, ka'li 'laska.]
Non ho il biglietto.	**У мяне няма білета.** [u mʲa'ne nʲa'ma bi'leta.]
Ho perso il biglietto.	**Я згубіў /згубіла/ свой білет.** [ʲa zɦu'biw /zɦu'bila/ svɔj bi'let.]
Ho dimenticato il biglietto a casa.	**Я забыўся /забылася/ білет дома.** [ʲa za'bɨwsʲa /za'bɨlasʲa/ bi'let 'dɔma.]
Può acquistare il biglietto da me.	**Вы можаце купіць білет у мяне.** [vɨ 'mɔʒatse ku'pitsʲ bi'let u mʲa'ne.]
Deve anche pagare una multa.	**Вам яшчэ давядзецца заплаціць штраф.** [vam ʲaɕɛ davʲa'dzɛtsa zapla'tsitsʲ 'ʃtraf.]
Va bene.	**Добра.** [dɔbra.]
Dove va?	**Куды вы едзеце?** [ku'dɨ vɨ 'edzetse?]
Vado a …	**Я еду да …** [ʲa 'edu da …]
Quanto? Non capisco.	**Колькі? Я не разумею.** [kɔlʲki? ʲa ne razu'meu.]
Può scriverlo per favore.	**Напішыце, калі ласка.** [napi'ʃɨtse, ka'li 'laska.]
D'accordo. Posso pagare con la carta di credito?	**Добра. Магу я заплаціць карткай?** [dɔbra. ma'ɦu ʲa zaplatsitsʲ 'kartkaj?]
Si.	**Так, можаце.** [tak, 'mɔʒatse.]
Ecco la sua ricevuta.	**Вось ваш квіток.** [vɔsʲ vaʃ kvi'tɔk.]
Mi dispiace per la multa.	**Спачуваю наконт штрафу.** [spatʃu'vau na'kɔnt 'ʃtrafu.]
Va bene così. È stata colpa mia.	**Гэта нічога. Гэта мая віна.** [ɦɛta ni'tʃɔɦa 'ɦɛta maʲa 'vina.]
Buon viaggio.	**Прыемнай вам паездкі!** [prɨ'emnaj vam pa'eztki.]

Taxi

taxi	**таксі** [tak'si]
tassista	**таксіст** [tak'sist]
prendere un taxi	**злавіць таксі** [zla'vits^j tak'si]
posteggio taxi	**стаянка таксі** [sta'^janka tak'si]
Dove posso prendere un taxi?	**Дзе я магу ўзяць таксі?** [dze ^ja ma'ɦu wz^jats^j tak'si?]
chiamare un taxi	**выклікаць таксі** [vɨklikats^j tak'si]
Ho bisogno di un taxi.	**Мне патрэбна таксі.** [mne pa'trɛbna tak'si.]
Adesso.	**Дакладна зараз.** [da'kladna 'zaraz.]
Qual'è il suo indirizzo?	**Ваш адрас?** [vaʃ 'adras?]
Il mio indirizzo è ...	**Мой адрас ...** [mɔj 'adras ...]
La sua destinazione?	**Куды вы паедзеце?** [ku'dɨ vɨ pa'edzetse?]

Mi scusi, ...	**Прабачце, ...** [pra'batʃtse, ...]
E' libero?	**Вы свабодныя?** [vɨ sva'bɔdnɨ^ja?]
Quanto costa andare a ...?	**Колькі каштуе даехаць да ...?** [kɔl^jki kaʃtue da'ehats^j da ...?]
Sapete dove si trova?	**Вы ведаеце, дзе гэта?** [vɨ 'vedaetse, dze 'ɦɛta?]

All'aeroporto, per favore.	**У аэрапорт, калі ласка.** [u aɛra'pɔrt, ka'li 'laska.]
Si fermi qui, per favore.	**Спыніце тут, калі ласка.** [spɨ'nitse tut, ka'li 'laska.]
Non è qui.	**Гэта ня тут.** [ɦɛta n^ja tut.]
È l'indirizzo sbagliato.	**Гэта няправільны адрас.** [ɦɛta n^ja'pravil^jnɨ 'adras.]
Giri a sinistra.	**Зараз налева.** [zaraz na'leva.]
Giri a destra.	**Зараз направа.** [zaraz na'prava.]

Quanto le devo?	**Колькі я вам павінен /павінна/ заплаціць?** [kɔlʲki ʲa vam pa'vinen /pa'vinna/ zapla'tsitsʲ?]
Potrei avere una ricevuta, per favore.	**Дайце мне квіток, калі ласка.** [dajtse mne kvi'tɔk, ka'li 'laska.]
Tenga il resto.	**Рэшты ня трэба.** [rɛʃtɨ nʲa 'trɛba.]

Può aspettarmi, per favore?	**Пачакайце мяне, калі ласка.** [patʃa'kajtse mʲa'ne, ka'li 'laska.]
cinque minuti	**пяць хвілін** [pʲatsʲ hvi'lin]
dieci minuti	**дзесяць хвілін** [dzesʲatsʲ hvi'lin]
quindici minuti	**пятнаццаць хвілін** [pʲat'natsatsʲ hvi'lin]
venti minuti	**дваццаць хвілін** [dvatsatsʲ hvi'lin]
mezzora	**паўгадзіны** [pawɦa'dzinɨ]

Hotel

Salve.	**Прывітанне.** [prɨvi'tanne.]
Mi chiamo …	**Мяне завуць …** [mʲa'ne za'vuʦʲ …]
Ho prenotato una camera.	**Я зарэзерваваў /зарэзервавала/ нумар.** [ʲa zarɛzerva'vaw /zarɛzerva'vala/ 'numar.]
Ho bisogno di …	**Мне патрэбны …** [mne pa'trɛbnɨ …]
una camera singola	**аднамесны нумар** [adna'mesnɨ 'numar]
una camera doppia	**двухмесны нумар** [dvuh'mesnɨ 'numar]
Quanto costa questo?	**Колькі ён каштуе?** [kɔlʲki ʲon kaʃ'tue?]
È un po' caro.	**Гэта крыху дорага.** [ɦɛta 'krɨhu 'dɔraɦa.]
Avete qualcos'altro?	**У вас ёсць яшчэ што-небудзь?** [u vas ʲosʦʲ ʲa'ɕɛ ʃtɔ 'nebuʦʲ?]
La prendo.	**Я вазьму.** [ʲa vazj'mu.]
Pago in contanti.	**Я заплачу наяўнымі.** [ʲa zapla'ʧu na'ʲawnɨmi.]
Ho un problema.	**У мяне ёсць праблема** [u mʲa'ne ʲosʦʲ prab'lema.]
Il mio … è fuori servizio.	**У мяне не працуе …** [u mʲa'ne ne pra'ʦue …]
televisore	**тэлевізар** [tele'vizar]
condizionatore	**кандыцыянер** [kandɨʦɨʲa'ner]
rubinetto	**кран** [kran]
doccia	**душ** [duʃ]
lavandino	**ракавіна** [rakavina]
cassaforte	**сейф** [sejf]

serratura
замок
[za'mɔk]

presa elettrica
разетка
[ra'zetka]

asciugacapelli
фен
[fen]

Non ho ...
У мяне няма ...
[u mʲa'ne nʲa'ma ...]

l'acqua
вады
[va'dɨ]

la luce
святла
[svʲat'la]

l'elettricità
электрычнасці
[ɛlekt'rɨtʃnasʲtsi]

Può darmi ...?
Можаце мне даць ...?
[mɔʒatse mne datsʲ ...?]

un asciugamano
рушнік
[ruʃ'nik]

una coperta
коўдру
[kɔwdru]

delle pantofole
тапачкі
[tapatʃki]

un accappatoio
халат
[ha'lat]

dello shampoo
шампунь
[ʃam'punʲ]

del sapone
мыла
[mɨla]

Vorrei cambiare la camera.
Я б хацеў /хацела б/ памяняць нумар.
[ʲa b ha'tsew /ha'tsela/ pamʲa'nʲatsʲ 'numar.]

Non trovo la chiave.
Я не магу знайсці свой ключ.
[ʲa ne ma'ɦu znajs'tsi svɔj klʉtʃ.]

Potrebbe aprire la mia camera, per favore?
Адчыніце мой нумар, калі ласка.
[attʃɨ'nitse mɔj 'numar, ka'li 'laska.]

Chi è?
Хто там?
[htɔ tam?]

Avanti!
Увайдзіце!
[uvaj'dzitse!]

Un attimo!
Адну хвіліну!
[ad'nu hvi'linu!]

Non adesso, per favore.
Калі ласка, ня зараз.
[ka'li 'laska, nʲa 'zaraz.]

Può venire nella mia camera, per favore.
Зайдзіце да мяне, калі ласка.
[zaj'dzitse da mʲa'ne, ka'li 'laska.]

Vorrei ordinare qualcosa da mangiare.
Я хачу замовіць ежу ў нумар.
[ʲa ha'tʃu za'mɔwitsʲ 'eʒu w 'numar.]

Il mio numero di camera è ...	**Нумар майго пакоя ...** [numar maj'ɦɔ pa'kɔʲa ...]
Parto ...	**Я з'язджаю ...** [ʲa zʔʲaz'ʤaʉ ...]
Partiamo ...	**Мы з'язджаем ...** [mɨ zʔʲaz'ʤaem ...]
adesso	**зараз** [zaraz]
questo pomeriggio	**сёння пасля абеду** [sʲonnʲa pas'lʲa a'bedu]
stasera	**сёння ўвечары** [sʲonnʲa u'wetʃarɨ]
domani	**заўтра** [zawtra]
domani mattina	**заўтра ўранку** [zawtra u'ranku]
domani sera	**заўтра ўвечары** [zawtra u'wetʃarɨ]
dopodomani	**паслязаўтра** [paslʲa'zawtra]

Vorrei pagare.	**Я б хацеў /хацела б/ разлічыцца.** [ʲa b ha'ʦew /ha'ʦela/ razli'ʧɨʦa.]
È stato tutto magnifico.	**Усё было выдатна.** [wsʲo bɨ'lɔ vɨ'datna.]
Dove posso prendere un taxi?	**Дзе я магу ўзяць таксі?** [ʣe ʲa ma'ɦu wzʲaʦʲ tak'si?]
Potrebbe chiamarmi un taxi, per favore?	**Выклікайце мне таксі, калі ласка.** [vɨklikajʦe mne taksi, ka'li 'laska.]

Al Ristorante

Posso vedere il menù, per favore?	**Магу я паглядзець ваша меню?** [ma'ɦu ʲa paɦlʲa'ʣetsʲ 'vaʃa me'nʉ?]
Un tavolo per una persona.	**Столік для аднаго.** [stɔlik dlʲa adna'ɦɔ.]
Siamo in due (tre, quattro).	**Нас два (тры, чатыры) чалавекі.** [nas dva (trɨ, ʧa'tirɨ) ʧala'veki.]
Fumatori	**Для тых, хто паліць.** [dlʲa tɨh, htɔ 'palitsʲ]
Non fumatori	**Для тых, хто ня паліць.** [dlʲa tɨh, htɔ nʲa 'palitsʲ]
Mi scusi!	**Будзьце ласкавы!** [butʲtse las'kavɨ!]
il menù	**меню** [me'nʉ]
la lista dei vini	**карта він** [karta vin]
Posso avere il menù, per favore.	**Меню, калі ласка.** [me'nʉ, ka'li 'laska.]
È pronto per ordinare?	**Вы гатовы зрабіць замову?** [vɨ ɦa'tɔvɨ zra'bitsʲ za'mɔvu?]
Cosa gradisce?	**Што вы будзеце замаўляць?** [ʃtɔ vɨ 'buʣetse zamaw'lʲatsʲ?]
Prendo ...	**Я буду ...** [ʲa 'budu ...]
Sono vegetariano.	**Я вегетарыянец /вегетарыянка/.** [ʲa veɦetarɨʲanets /veɦetarɨʲanka/.]
carne	**мяса** [mʲasa]
pesce	**рыба** [rɨba]
verdure	**гароднiна** [ɦa'rɔdnina]
Avete dei piatti vegetariani?	**У вас ёсць вегетарыянскія стравы?** [u vas ʲɔstsʲ veɦetarɨʲanskiʲa 'stravɨ?]
Non mangio carne di maiale.	**Я ня ем свініну.** [ʲa nʲa em svi'ninu.]
Lui /lei/ non mangia la carne.	**Ён /яна/ не есць мяса.** [ʲɔn /ʲa'na/ ne estsʲ 'mʲasa.]
Sono allergico a ...	**У мяне алергія на ...** [u mʲa'ne aler'ɦiʲa na ...]

Potrebbe portarmi ...	**Прынясіце мне, калі ласка ...** [prɨnʲa'sitse mne, ka'li 'laska ...]
del sale | del pepe | dello zucchero	**соль | перац | цукар** [sɔlʲ | 'perats | 'tsukar]
un caffè | un tè | un dolce	**каву | гарбату | дэсерт** [kavu | ɦar'batu | dɛ'sert]
dell'acqua | frizzante | naturale	**вада | з газам | бяз газу** [va'da | z 'ɦazam | bʲaz 'ɦazu]
un cucchiaio | una forchetta | un coltello	**лыжка | відэлец | нож** [lɨʒka | vi'dɛlets | nɔʒ]
un piatto | un tovagliolo	**талерка | сурвэтка** [ta'lerka | sur'vɛtka]
Buon appetito!	**Прыемнага апетыту!** [prɨ'emnaɦa ape'tɨtu!]
Un altro, per favore.	**Прынясіце яшчэ, калі ласка.** [prɨnʲa'sitse ʲa'ɕɛ, ka'li 'laska.]
È stato squisito.	**Было вельмі смачна.** [bɨ'lɔ 'velʲmi 'smatʃna.]
il conto | il resto | la mancia	**рахунак | рэшта | на гарбату** [ra'hunak | 'rɛʃta | na ɦar'batu]
Il conto, per favore.	**Рахунак, калі ласка.** [ra'hunak, ka'li 'laska.]
Posso pagare con la carta di credito?	**Магу я заплаціць карткай?** [ma'ɦu ʲa zapla'tsitsʲ 'kartkaj?]
Mi scusi, c'è un errore.	**Прабачце, тут памылка.** [pra'batʃtse, tut pa'mɨlka.]

Shopping

Posso aiutarla?	**Магу я вам дапамагчы?** [ma'ɦu ʲa vam dapamaɦ'ʧɨ?]
Avete …?	**У вас ёсць ...?** [u vas ʲosʦʲ …?]
Sto cercando …	**Я шукаю …** [ʲa ʃu'kaʉ …]
Ho bisogno di …	**Мне патрэбны …** [mne pa'trɛbnɨ …]
Sto guardando.	**Я проста гляджу.** [ʲa 'prɔsta ɦlʲa'ʤu.]
Stiamo guardando.	**Мы проста глядзім.** [mɨ 'prɔsta ɦlʲa'ʣim.]
Ripasserò più tardi.	**Я зайду пазней.** [ʲa zaj'du paz'nej.]
Ripasseremo più tardi.	**Мы зойдзем пазней.** [mɨ 'zɔjʣem paz'nej.]
sconti | saldi	**зніжкі | распродаж** [zniʒki | ras'prɔdaʒ]
Per favore, mi può far vedere …?	**Пакажыце мне, калі ласка …** [paka'ʒɨʦe mne, ka'li 'laska …]
Per favore, potrebbe darmi …	**Дайце мне, калі ласка …** [dajʦe mne, ka'li 'laska …]
Posso provarlo?	**Магу я гэта прымерыць?** [ma'ɦu ʲa 'ɦɛta prɨ'merɨʦʲ?]
Mi scusi, dov'è il camerino?	**Прабачце, дзе прымерачная кабіна?** [pra'baʧʦe, ʣe prɨ'meraʧnaʲa ka'bina?]
Che colore desidera?	**Які колер вы жадаеце?** [ʲaki 'kɔler vɨ ʒa'daeʦe?]
taglia | lunghezza	**памер | рост** [pa'mer | rɔst]
Come le sta?	**Падыйшло?** [padɨj'ʃlɔ?]
Quanto costa questo?	**Колькі гэта каштуе?** [kɔlʲki 'ɦɛta kaʃ'tue?]
È troppo caro.	**Гэта занадта дорага.** [ɦɛta za'natta 'dɔraɦa.]
Lo prendo.	**Я вазьму гэта.** [ʲa vazj'mu 'ɦɛta.]
Mi scusi, dov'è la cassa?	**Прабачце, дзе каса?** [pra'baʧʦe, ʣe 'kasa?]

Paga in contanti o con carta di credito?	**Як вы будзеце разлічвацца? Наяўнымі ці крэдытнай карткай?** [ʲak vɨ 'budzetse raz'litʃvatsa na'ʲawnɨmi tsi krɛ'dɨtnaj 'kartkaj?]
In contanti | con carta di credito	**наяўнымі | карткай** [na'ʲawnɨmi | 'kartkaj]

Vuole lo scontrino?	**Вам патрэбен квіток?** [vam pa'trɛben kvi'tɔk?]
Si, grazie.	**Так, будзьце ласкавы.** [tak, 'butʲtse las'kavɨ.]
No, va bene così.	**Не. Не патрэбен. Дзякуй.** [ne, ne pa'trɛben. 'dzʲakuj.]
Grazie. Buona giornata!	**Дзякуй. Усяго добрага!** [dzʲakuj. usʲa'ɦɔ 'dɔbraɦa!]

In città

Mi scusi, per favore ...	**Прабачце, калі ласка ...** [pra'baʧtse, ka'li 'laska ...]
Sto cercando ...	**Я шукаю ...** [ʲa ʃu'kaʉ ...]
la metropolitana	**метро** [me'trɔ]
il mio albergo	**сваю гасцініцу** [sva'ʉ ɦas'tsinitsu]
il cinema	**кінатэатр** [kinatɛ'atr]
il posteggio taxi	**стаянку таксі** [sta'ʲanku tak'si]

un bancomat	**банкамат** [banka'mat]
un ufficio dei cambi	**пункт абмену валют** [punkt ab'menu va'lʉt]
un internet café	**інтэрнэт-кафэ** [intɛr'nɛt ka'fɛ]
via ...	**вуліцу ...** [vulitsu ...]
questo posto	**вось гэтае месца** [vɔsʲ 'ɦɛtae 'mesʲtsa]

Sa dove si trova ...?	**Вы ня ведаеце, дзе знаходзіцца ...?** [vɨ nʲa 'vedaetse, dze zna'hɔdzitsa ...?]
Come si chiama questa via?	**Як называецца гэтая вуліца?** [ʲak nazɨ'vaetsa 'ɦɛtaʲa 'vulitsa?]
Può mostrarmi dove ci troviamo?	**Пакажыце, дзе мы зараз.** [paka'ʒɨtse, dze mɨ 'zaraz.]
Posso andarci a piedi?	**Я дайду туды пешшу?** [ʲa daj'du tu'dɨ 'peʃu?]
Avete la piantina della città?	**У вас ёсць карта горада?** [u vas ʲostsʲ 'karta 'ɦɔrada?]

Quanto costa un biglietto?	**Колькі каштуе ўваходны білет?** [kɔlʲki kaʃ'tue wva'hɔdnɨ bi'let?]
Si può fotografare?	**Тут дазволена фатаграфаваць?** [tut daz'vɔlena fataɦrafa'vatsʲ?]
E' aperto?	**Вы адчынены?** [vɨ at'ʧinenɨ?]

Quando aprite?	**А якой гадзіне вы адчыняецеся?** [a 'ʲakɔj ɦa'dzine vɨ attʃɨ'nʲaetsesʲa?]
Quando chiudete?	**Да якой гадзіны вы працуеце?** [da ʲa'kɔj ɦa'dzinɨ vɨ pra'tsuetse?]

Soldi

Soldi	**грошы** [ɦrɔʃɨ]
contanti	**наяўныя грошы** [na'ʲawnɨʲa 'ɦrɔʃɨ]
banconote	**папяровыя грошы** [papʲa'rɔvɨʲa 'ɦrɔʃɨ]
monete	**дробязь** [drɔbʲazʲ]
conto | resto | mancia	**рахунак | рэшта | на гарбату** [ra'hunak | 'rɛʃta | na ɦar'batu]
carta di credito	**крэдытная картка** [krɛ'dɨtnaʲa 'kartka]
portafoglio	**кашалёк** [kaʃa'lʲok]
comprare	**купляць** [kup'lʲaʦʲ]
pagare	**плаціць** [pla'ʦiʦʲ]
multa	**штраф** [ʃtraf]
gratuito	**бясплатна** [bʲas'platna]
Dove posso comprare ...?	**Дзе я магу купіць ...?** [ʣe ʲa ma'ɦu ku'piʦʲ ...?]
La banca è aperta adesso?	**Банк зараз адчынены?** [bank 'zaraz at'ʧɨnenɨ?]
Quando apre?	**А якой гадзіне ён адчыняецца?** [a 'ʲakɔj ɦa'ʣine ʲon atʧɨ'nʲaeʦa?]
Quando chiude?	**Да якой гадзіны ён працуе?** [da ʲa'kɔj ɦa'ʣinɨ ʲon pra'ʦue?]
Quanto costa?	**Колькі?** [kɔlʲki?]
Quanto costa questo?	**Колькі гэта каштуе?** [kɔlʲki 'ɦɛta kaʃ'tue?]
È troppo caro.	**Гэта занадта дорага.** [ɦɛta za'natta 'dɔraɦa.]
Scusi, dov'è la cassa?	**Прабачце, дзе каса?** [pra'baʧʦe, ʣe 'kasa?]
Il conto, per favore.	**Рахунак, калі ласка.** [ra'hunak, ka'li 'laska.]

Posso pagare con la carta di credito?	**Магу я заплаціць карткай?** [ma'ɦu ʲa zapla'ʦiʦʲ 'kartkaj?]
C'è un bancomat?	**Тут ёсць банкамат?** [tut ʲosʦʲ banka'mat?]
Sto cercando un bancomat.	**Мне патрэбен банкамат.** [mne pa'trɛben banka'mat.]

Sto cercando un ufficio dei cambi.	**Я шукаю пункт абмену валют.** [ʲa ʃu'kaju punkt ab'menu va'lʉt.]
Vorrei cambiare ...	**Я б хацеў /хацела/ памяняць ...** [ʲa b ha'ʦew /ha'ʦela/ pamʲa'nʲaʦʲ ...]
Quanto è il tasso di cambio?	**Які курс абмену?** [ʲaki kurs ab'menu?]
Ha bisogno del mio passaporto?	**Вам патрэбен мой пашпарт?** [vam pa'trɛben mɔj 'paʃpart?]

Le ore

Che ore sono?	**Колькі часу?** [kɔlʲki 'ʧasu?]
Quando?	**Калі?** [ka'li?]
A che ora?	**У колькі?** [u 'kɔlʲki?]
adesso | più tardi | dopo …	**зараз | пазней | пасля …** [zaraz | paz'nej | pas'lʲa …]

---

l'una	**гадзіна папоўдні** [ɦa'ʣina pa'pɔwdni]
l'una e un quarto	**гадзіна пятнаццаць** [ɦa'ʣina pʲat'naʦaʦʲ]
l'una e trenta	**гадзіна трыццаць** [ɦa'ʣina 'trɨʦaʦʲ]
l'una e quarantacinque	**без пятнаццаці два** [bez pʲat'naʦaʦi dva]

---

uno | due | tre	**адін | два | тры** [a'din | dva | trɨ]
quattro | cinque | sei	**чатыры | пяць | шэсць** [ʧa'tɨrɨ | pʲaʦ | ʃɛsʦʲ]
sette | otto | nove	**сем | восем | дзевяць** [sem | 'vɔsem | 'ʣevʲaʦʲ]
dieci | undici | dodici	**дзесяць | адзінаццаць | дванаццаць** [ʣesʲaʦ | a'ʣinaʦaʦ | dva'naʦaʦʲ]

---

fra …	**праз …** [praz …]
cinque minuti	**пяць хвілін** [pʲaʦʲ hvi'lin]
dieci minuti	**дзесяць хвілін** [ʣesʲaʦʲ hvi'lin]
quindici minuti	**пятнаццаць хвілін** [pʲat'naʦaʦʲ hvi'lin]
venti minuti	**дваццаць хвілін** [dvaʦaʦʲ hvi'lin]
mezzora	**паўгадзіны** [pawɦa'ʣinɨ]
un'ora	**адну гадзіну** [ad'nu ɦa'ʣinu]

la mattina	**раніцай, уранні** [raniʦaj, u'ranni]
la mattina presto	**рана ўранні** [rana u'ranni]
questa mattina	**сёння удзень** [sʲonnʲa u'ʣenʲ]
domani mattina	**заўтра раніцай** [zawtra 'raniʦaj]

---

all'ora di pranzo	**у абед** [u a'bet]
nel pomeriggio	**пасля абеду** [pas'lʲa a'bedu]
la sera	**увечары** [u'veʧarɨ]
stasera	**сёння увечары** [sʲonnʲa u'veʧarɨ]

---

la notte	**ноччу** [nɔʧu]
ieri	**учора** [u'ʧɔra]
oggi	**сёння** [sʲonnʲa]
domani	**заўтра** [zawtra]
dopodomani	**паслязаўтра** [paslʲa'zawtra]

Che giorno è oggi?	**Які сёння дзень?** [ʲaki 'sʲonnʲa ʣenʲ?]
Oggi è ...	**Сёння ...** [sʲonnʲa ...]
lunedì	**панядзелак** [panʲa'ʣelak]
martedì	**аўторак** [aw'tɔrak]
mercoledì	**серада** [sera'da]

---

giovedì	**чацвер** [ʧaʦ'ver]
venerdì	**пятніца** [pʲatniʦa]
sabato	**субота** [su'bɔta]
domenica	**нядзеля** [nʲa'ʣelʲa]

Saluti - Presentazione

Salve.	**Прывітанне.** [prɨvi'tanne.]
Lieto di conoscerla.	**Рады /рада/ з вамі пазнаёміцца.** [radɨ /'rada/ z 'vami paznaʲomiʦa.]
Il piacere è mio.	**Я таксама.** [ʲa tak'sama.]
Vi presento ...	**Знаёмцеся. Гэта ...** [znaʲomʦesʲa. 'ɦɛta ...]
Molto piacere.	**Вельмі прыемна.** [velʲmi prɨ'emna.]
Come sta?	**Як вашы справы?** [ʲak 'vaʃɨ 'spravɨ?]
Mi chiamo ...	**Мяне завуць ...** [mʲa'ne za'vuʦʲ ...]
Si chiama ... (m)	**Яго завуць ...** [ʲaɦɔ za'vuʦʲ ...]
Si chiama ... (f)	**Яе завуць ...** [ʲae za'vuʦʲ ...]
Come si chiama?	**Як вас завуць?** [ʲak vas za'vuʦʲ?]
Come si chiama lui?	**Як яго завуць?** [ʲak ʲa'ɦɔ za'vuʦʲ?]
Come si chiama lei?	**Як яе завуць?** [ʲak ʲae za'vuʦʲ?]
Qual'è il suo cognome?	**Як ваша прозвішча?** [ʲak 'vaʃa 'prɔzviɕa?]
Può chiamarmi ...	**Завіце мяне ...** [za'viʦe mʲa'ne ...]
Da dove viene?	**Адкуль вы?** [at'kulʲ vɨ]
Vengo da ...	**Я з ...** [ʲa z ...]
Che lavoro fa?	**Кім вы працуеце?** [kim vɨ pra'ʦueʦe?]
Chi è?	**Хто гэта?** [htɔ 'ɦɛta?]
Chi è lui?	**Хто ён?** [htɔ ʲon?]
Chi è lei?	**Хто яна?** [htɔ ʲa'na?]
Chi sono loro?	**Хто яны?** [htɔ ʲa'nɨ?]

Questo è ...	**Гэта ...** [ɦɛta ...]
il mio amico	**мой сябар** [mɔj 's'abar]
la mia amica	**мая сяброўка** [ma'ja s'ab'rɔwka]
mio marito	**мой муж** [mɔj muʒ]
mia moglie	**мая жонка** [ma'ja 'ʒɔnka]

---

mio padre	**мой бацька** [mɔj 'baʦ'ka]
mia madre	**мая маці** [ma'ja 'maʦi]
mio fratello	**мой брат** [mɔj brat]
mia sorella	**мая сястра** [ma'ja s'as'tra]
mio figlio	**мой сын** [mɔj sɨn]
mia figlia	**мая дачка** [ma'ja datʃ'ka]

Questo è nostro figlio.	**Гэта наш сын.** [ɦɛta naʃ sɨn.]
Questa è nostra figlia.	**Гэта наша дачка.** [ɦɛta 'naʃa datʃ'ka.]
Questi sono i miei figli.	**Гэта мае дзеці.** [ɦɛta mae 'ʣeʦi.]
Questi sono i nostri figli.	**Гэта нашы дзеці.** [ɦɛta naʃɨ 'ʣeʦi.]

Saluti di commiato

Arrivederci!	**Да пабачэння!** [da paba'ʧɛnnʲa!]
Ciao!	**Бывай!** [bɨ'vaj!]
A domani.	**Да заўтра.** [da 'zawtra.]
A presto.	**Да сустрэчы.** [da sus'trɛʧɨ.]
Ci vediamo alle sette.	**Сустрэнемся ў сем.** [sus'trɛnemsʲa w sem.]

Divertitevi!	**Баўцеся!** [bawʦesʲa!]
Ci sentiamo più tardi.	**Пагаворым пазней.** [paɦa'vɔrɨm paz'nej.]
Buon fine settimana.	**Удалых выхадных.** [u'dalɨh vɨhad'nɨh.]
Buona notte	**Дабранач.** [da'branaʧ.]

Adesso devo andare.	**Мне трэба ісці.** [mne 'trɛba is'ʦi.]
Devo andare.	**Мне трэба ісці.** [mne 'trɛba is'ʦi.]
Torno subito.	**Я зараз вярнуся.** [ʲa 'zaraz vʲar'nusʲa.]

È tardi.	**Ужо позна.** [uʒɔ 'pɔzna.]
Domani devo alzarmi presto.	**Мне рана ўставаць.** [mne 'rana wsta'vaʦʲ.]
Parto domani.	**Я заўтра з'язджаю.** [ʲa 'zawtra zʔʲaz'ʤaʉ.]
Partiamo domani.	**Мы заўтра з'язджаем.** [mɨ 'zawtra zʔʲaz'ʤaem.]

Buon viaggio!	**Шчаслівай паездкі!** [ɕas'livaj pa'eztki!]
È stato un piacere conoscerla.	**Было прыемна з вамі пазнаёміцца.** [bɨ'lɔ prɨ'emna z 'vami pazna'ʲomiʦa.]
È stato un piacere parlare con lei.	**Было прыемна з вамі пагутарыць.** [bɨ'lɔ prɨ'emna z 'vami pa'ɦutarɨʦʲ.]
Grazie di tutto.	**Дзякуй за ўсё.** [ʣʲakuj za 'wsʲo.]

Mi sono divertito.	**Я цудоўна збавіў /збавіла/ час!** [ʲa ʦu'dɔwna 'zbawiw /'zbawila/ ʧas.]
Ci siamo divertiti.	**Мы цудоўна збавілі час!** [mɨ ʦu'dɔwna 'zbawili ʧas.]
È stato straordinario.	**Усё было выдатна.** [wsʲo bɨ'lɔ vɨ'datna.]
Mi mancherà.	**Я буду сумаваць.** [ʲa 'budu suma'vaʦʲ.]
Ci mancherà.	**Мы будзем сумаваць.** [mɨ 'buʣem suma'vaʦʲ.]

Buona fortuna!	**Удачы! Шчасліва!** [u'daʧɨ! ɕas'liva!]
Mi saluti ...	**Перадавайце прывітанне ...** [perada'vajʦe prɨvi'tanne ...]

Lingua straniera

Non capisco.	**Я не разумею.** [ʲa ne razu'meʉ.]
Può scriverlo, per favore.	**Напішыце гэта, калі ласка.** [napi'ʃɨtse 'ɦɛta, ka'li 'laska.]
Parla ...?	**Вы валодаеце ...?** [vɨ va'lɔdaetse ...?]
Parlo un po' ...	**Я крыху валодаю ... мовай** [ʲa 'krɨhu va'lɔdaʉ ... 'mɔvaj]
inglese	**англійскай** [anɦ'lijskaj]
turco	**турэцкай** [tu'rɛtskaj]
arabo	**арабскай** [a'rabskaj]
francese	**французкай** [fran'tsuskaj]
tedesco	**нямецкай** [nʲa'metskaj]
italiano	**італьянскай** [ita'lʲanskaj]
spagnolo	**іспанскай** [is'panskaj]
portoghese	**партугальскай** [partu'ɦalʲskaj]
cinese	**кітайскай** [ki'tajskaj]
giapponese	**японскай** [ʲa'pɔnskaj]
Può ripetere, per favore.	**Паўтарыце, калі ласка.** [pawta'rɨtse, ka'li 'laska.]
Capisco.	**Я разумею.** [ʲa razu'meʉ.]
Non capisco.	**Я не разумею.** [ʲa ne razu'meʉ.]
Può parlare più piano, per favore.	**Гаварыце павольней, калі ласка.** [ɦava'rɨtse pa'vɔlʲnej, ka'li 'laska.]
È corretto?	**Гэта правільна?** [ɦɛta 'pravilʲna?]
Cos'è questo? (Cosa significa?)	**Что гэта?** [tʃtɔ 'ɦɛta?]

Chiedere scusa

Mi scusi, per favore.	**Выбачайце, калі ласка.** [vɨba'ʧajʦe, ka'li 'laska.]
Mi dispiace.	**Мне шкада.** [mne 'ʃkada.]
Mi dispiace molto.	**Мне вельмі шкада.** [mne 'velʲmi 'ʃkada.]
Mi dispiace, è colpa mia.	**Я вінаваты /вінавата/, гэта мая віна.** [ʲa vina'vatɨ /vina'vata/, 'ɦɛta maʲa 'vina.]
È stato un mio errore.	**Мая памылка.** [ma'ʲa pa'mɨlka.]

Posso ...?	**Магу я...?** [ma'ɦu ʲa ...?]
Le dispiace se ...?	**Вы не будзеце пярэчыць, калі я ...?** [vɨ ne 'buʣeʦe pʲa'rɛʧɨʦʲ, ka'li ʲa ...?]
Non fa niente.	**Нічога страшнага.** [ni'ʧɔɦa 'straʃnaɦa.]
Tutto bene.	**Ўсё ў парадку.** [wsʲo w pa'ratku.]
Non si preoccupi.	**Не хвалюйцеся.** [ne hva'lʉjʦesʲa.]

Essere d'accordo

Sì.	**Так.** [tak.]
Sì, certo.	**Так, канечне.** [tak, ka'netʃne.]
Bene.	**Добра!** [dɔbra!]
Molto bene.	**Вельмі добра.** [velʲmi 'dɔbra.]
Certamente!	**Канечне!** [ka'netʃne!]
Sono d'accordo.	**Я згодны /згодна/.** [ʲa 'zɦɔdnɨ /'zɦɔdna/.]
Esatto.	**Дакладна.** [da'kladna.]
Giusto.	**Правільна.** [pravilʲna.]
Ha ragione.	**Вы маеце рацыю.** [vɨ 'maetse 'ratsiu.]
È lo stesso.	**Я ня супраць.** [ʲa nʲa 'supratsʲ.]
È assolutamente corretto.	**Зусім дакладна.** [zu'sim da'kladna.]
È possibile.	**Гэта магчыма.** [ɦɛta maɦ'tʃima.]
È una buona idea.	**Гэта добрая думка.** [ɦɛta 'dɔbraʲa 'dumka.]
Non posso dire di no.	**Не магу адмовіць.** [ne ma'ɦu ad'mɔvitsʲ.]
Ne sarei lieto /lieta/.	**Буду рады /рада/.** [budu 'radɨ /'rada/.]
Con piacere.	**З задавальненнем.** [z zadavalj'nennem.]

Diniego. Esprimere incertezza

No.	**Не.** [ne.]
Sicuramente no.	**Канечне не.** [ka'netʃne ne.]
Non sono d'accordo.	**Я не згодны /згодна/.** [ʲa ne 'zɦɔdnɨ /'zɦɔdna/.]
Non penso.	**Я так не лічу.** [ʲa tak ne li'tʃu.]
Non è vero.	**Гэта няпраўда.** [ɦɛta nʲa'prawda.]
Si sbaglia.	**Вы памыляецеся.** [vɨ pamɨ'lʲaetsesʲa.]
Penso che lei si stia sbagliando.	**Я думаю, што вы памыляецеся.** [ʲa 'dumaʉ, ʃtɔ vɨ pamɨ'lʲaetsesʲa.]
Non sono sicuro.	**Не ўпэўнены /ўпэўнена/.** [ne u'pɛwnenɨ /u'pɛwnena/.]
È impossibile.	**Гэта немагчыма.** [ɦɛta nemaɦ'tʃɨma.]
Assolutamente no!	**Нічога падобнага!** [ni'tʃɔɦa pa'dɔbnaɦa!]
Esattamente il contrario!	**Наадварот!** [naadva'rɔt!]
Sono contro.	**Я супраць.** [ʲa 'supratsʲ.]
Non m'interessa.	**Мне ўсё роўна.** [mne wsʲo 'rɔwna.]
Non ne ho idea.	**Паняцця ня маю.** [pa'nʲatsʲa nʲa 'maʉ.]
Dubito che sia così.	**Сумняваюся, что гэта так.** [sumnʲa'vaʉsʲa, tʃtɔ 'ɦɛta tak.]
Mi dispiace, non posso.	**Прабачце, я не магу.** [pra'batʃtse, ʲa ne ma'ɦu.]
Mi dispiace, non voglio.	**Прабачце, я не хачу.** [pra'batʃtse, ʲa ne ha'tʃu.]
Non ne ho bisogno, grazie.	**Дзякуй, мне гэта ня трэба.** [dzʲakuj, mne 'ɦɛta nʲa 'trɛba.]
È già tardi.	**Ужо позна.** [uʒɔ 'pɔzna.]

Devo alzarmi presto.	**Мне рана ўставаць.** [mne 'rana wsta'vaʦʲ.]
Non mi sento bene.	**Я дрэнна сябе адчуваю.** [ʲa 'drɛnna sʲa'be attʃu'vaʉ.]

Esprimere gratitude

Grazie.	**Дзякуй.** [dzʲakuj.]
Grazie mille.	**Дзякуй вялікі!** [dzʲakuj vʲa'liki.]
Le sono riconoscente.	**Вельмі ўдзячны /удзячна/.** [welʲmi u'dzʲatʃnɨ /u'dzʲatʃna/.]
Le sono davvero grato.	**Я вам удзячны /удзячна/.** [ʲa vam u'dzʲatʃnɨ /u'dzʲatʃna/.]
Le siamo davvero grati.	**Мы вам удзячны.** [mɨ vam u'dzʲatʃnɨ.]
Grazie per la sua disponibilità.	**Дзякуй, что выдаткавалі час.** [dzʲakuj, tʃtɔ 'vɨdatkavali tʃas.]
Grazie di tutto.	**Дзякуй за ўсё.** [dzʲakuj za 'wsʲo.]
Grazie per ...	**Дзякуй за ...** [dzʲakuj za ...]
il suo aiuto	**вашу дапамогу** [vaʃu dapa'mɔɦu]
il bellissimo tempo	**прыемныя часіны** [prɨ'emnɨʲa tʃa'sinɨ]
il delizioso pranzo	**выдатную ежу** [vɨ'datnuʉ 'eʒu]
la bella serata	**прыемны вечар** [prɨ'emnɨ 'vetʃar]
la bella giornata	**цудоўны дзень** [tsu'dɔwnɨ dzenʲ]
la splendida gita	**цікавую экскурсію** [tsi'kavuʉ ɛks'kursiʉ]
Non c'è di che.	**Няма за што.** [nʲa'ma za 'ʃtɔ.]
Prego.	**Ня варта падзякі.** [nʲa 'varta pa'dzʲaki.]
Con piacere.	**Заўсёды калі ласка.** [zaw'sʲodɨ ka'li 'laska.]
È stato un piacere.	**Быў рады /Была рада/ дапамагчы.** [bɨw 'radɨ /bɨla 'rada/ dapamaɦ'tʃɨ.]
Non ci pensi neanche.	**Забудзьце. Усе добра.** [za'butʲtse. wsʲo 'dɔbra.]
Non si preoccupi.	**Не турбуйцеся.** [ne tur'bujtsesʲa.]

Congratulazioni. Auguri

Congratulazioni!	**Віншую!** [vin'ʃuʉ!]
Buon compleanno!	**З днём нараджэння!** [z 'dnʲom nara'ʤɛnnʲa!]
Buon Natale!	**Вясёлых Калядаў!** [vʲa'sʲolɨh ka'lʲadaw!]
Felice Anno Nuovo!	**С Новым годам!** [s 'nɔvɨm 'ɦɔdam!]
Buona Pasqua!	**Са Светлым Вялікаднем!** [sa 'svetlɨm vʲa'likadnem!]
Felice Hanukkah!	**Счаслівай Ханукі!** [sʧas'livaj 'hanuki!]
Vorrei fare un brindisi.	**У мяне ёсць тост.** [u mʲa'ne ʲosʦʲ tɔst.]
Salute!	**За ваша здароўе!** [za 'vaʃa zda'rɔwe!]
Beviamo a …!	**Вып'ем за …!** [vɨpʼem za …!]
Al nostro successo!	**За нашыя поспехі!** [za 'naʃɨʲa 'pɔspehi!]
Al suo successo!	**За вашыя поспехі!** [za 'vaʃɨʲa 'pɔspehi!]
Buona fortuna!	**Удачы!** [u'daʧɨ!]
Buona giornata!	**Прыемнага вам дня!** [prɨ'emnaɦa vam dnʲa!]
Buone vacanze!	**Добрага вам адпачынку!** [dɔbraɦa vam adpa'ʧɨnku!]
Buon viaggio!	**Удалай паездкі!** [u'dalaj pa'eztki!]
Spero guarisca presto!	**Жадаю вам хуткай папраўкі!** [ʒa'daʉ vam 'hutkaj pa'prawki!]

Socializzare

Perchè è triste?	**Чаму вы засмучаны?** [tʃa'mu vɨ zas'mutʃanɨ?]
Sorrida!	**Усміхніцеся!** [usmih'nitsesʲa!]
È libero stasera?	**Вы не занятыя сёння ўвечары?** [vɨ ne za'nʲatɨʲa 'sʲonnʲa u'wetʃarɨ?]
Posso offrirle qualcosa da bere?	**Магу я прапанаваць вам выпіць?** [ma'ɦu ʲa prapana'vats vam 'vɨpitsʲ?]
Vuole ballare?	**Ня хочаце патанцаваць?** [nʲa 'hɔtʃatse patantsa'vatsʲ?]
Andiamo al cinema.	**Можа сходзім у кіно?** [mɔʒa 'shɔdzim u ki'nɔ?]
Posso invitarla ...?	**Магу я запрасіць вас у ...?** [ma'ɦu ʲa zapra'sitsʲ vas u ...?]
al ristorante	**рэстаран** [rɛsta'ran]
al cinema	**кіно** [ki'nɔ]
a teatro	**тэатр** [tɛ'atr]
a fare una passeggiata	**на прагулку** [na pra'ɦulku]
A che ora?	**У колькі?** [u 'kɔlʲki?]
stasera	**сёння увечары** [sʲonnʲa u'vetʃarɨ]
alle sei	**у шэсць гадзін** [u ʃɛstsʲ ɦa'dzin]
alle sette	**у сем гадзін** [u sem ɦa'dzin]
alle otto	**у восем гадзін** [u 'vɔsem ɦa'dzin]
alle nove	**у дзевяць гадзін** [u 'dzevʲatsʲ ɦa'dzin]
Le piace qui?	**Вам тут падабаецца?** [vam tut pada'baetsa?]
È qui con qualcuno?	**Вы тут з кімсьці?** [vɨ tut z 'kimsʲtsi?]
Sono con un amico /una amica/.	**Я з сябрам /сяброўкай/.** [ʲa z 'sʲabram /sʲab'rɔwkaj/.]

Sono con i miei amici.	**Я з сябрамі.** [ʲa z sʲab'rami.]
No, sono da solo /sola/.	**Я адзін /адна/.** [ʲa a'dzin /ad'na/.]

Hai il ragazzo?	**У цябе ёсць прыяцель?** [u tsʲa'be ʲostsʲ pri'ʲatselʲ?]
Ho il ragazzo.	**У мяне ёсць сябар.** [u mʲa'ne ʲostsʲ 'sʲabar.]
Hai la ragazza?	**У цябе ёсць сяброўка?** [u tsʲa'be ʲostsʲ sʲab'rɔwka?]
Ho la ragazza.	**У мяне ёсць дзяўчына.** [u mʲa'ne ʲostsʲ dzʲaw'tʃɨna.]

Posso rivederti?	**Мы яшчэ сустрэнемся?** [mɨ ʲa'ɕɛ sus'trɛnemsʲa?]
Posso chiamarti?	**Можна я табе пазваню?** [mɔʒna ʲa ta'be pazva'nʉ?]
Chiamami.	**Пазвані мне.** [pazva'ni mne.]
Qual'è il tuo numero?	**Які ў цябе нумар?** [ʲaki u tsʲa'be 'numar?]
Mi manchi.	**Я сумую па табе.** [ʲa su'muʉ pa ta'be.]

Ha un bel nome.	**У вас вельмі прыгожае імя.** [u vas 'velʲmi pri'ɦɔʒae i'mʲa.]
Ti amo.	**Я цябе кахаю.** [ʲa tsʲa'be ka'haʉ.]
Mi vuoi sposare?	**Выходзь за мяне замуж.** [vɨ'hɔtsʲ za mʲa'ne 'zamuʒ.]
Sta scherzando!	**Вы жартуеце!** [vɨ ʒar'tuetse!]
Sto scherzando.	**Я проста жартую.** [ʲa 'prɔsta ʒar'tuʉ.]

Lo dice sul serio?	**Вы сур'ёзна?** [vɨ su'rʔʲozna?]
Sono serio.	**Я сур'ёзна.** [ʲa su'rʔʲozna.]
Davvero?!	**Сапраўды?!** [sapraw'dɨ?!]
È incredibile!	**Гэта неверагодна!** [ɦɛta nevera'ɦɔdna]
Non le credo.	**Я вам ня веру.** [ʲa vam nʲa 'veru.]
Non posso.	**Я не магу.** [ʲa ne ma'ɦu.]
No so.	**Я ня ведаю.** [ʲa nʲa 'vedaʉ.]
Non la capisco.	**Я вас не разумею.** [ʲa vas ne razu'meʉ.]

Per favore, vada via.	**Сыдзіце, калі ласка.** [sɨ'dzitse, ka'li 'laska.]
Mi lasci in pace!	**Пакіньце мяне у спакоі!** [pa'kinʲtse mʲa'ne u spa'kɔi!]

Non lo sopporto.	**Я яго не выношу!** [ʲa ʲa'ɦɔ ne vɨ'nɔʃu.]
Lei è disgustoso!	**Вы агідныя!** [vɨ a'ɦidnɨʲa!]
Chiamo la polizia!	**Я выклікаю міліцыю!** [ʲa 'vɨklikaʉ mi'litsɨʉ!]

Comunicare impressioni ed emozioni

Mi piace.	**Мне гэта падабаецца.** [mne 'ɦɛta pada'baeʦa.]
Molto carino.	**Вельмі міла.** [velʲmi 'mila.]
È formidabile!	**Гэта выдатна!** [ɦɛta vɨ'datna!]
Non è male.	**Гэта някепска.** [ɦɛta nʲa'kepska.]
Non mi piace.	**Гэта мне не падабаецца** [ɦɛta mne ne pada'baeʦa.]
Non è buono.	**Гэта нядобра.** [ɦɛta nʲa'dɔbra.]
È cattivo.	**Гэта дрэнна.** [ɦɛta 'drɛnna.]
È molto cattivo.	**Гэта вельмі дрэнна.** [ɦɛta 'velʲmi 'drɛnna.]
È disgustoso.	**Гэта агідна.** [ɦɛta a'ɦidna.]
Sono felice.	**Я шчаслівы /шчаслівая/.** [ʲa ɕas'livɨ /ɕas'livaʲa/.]
Sono contento /contenta/.	**Я задаволены /задаволена/.** [ʲa zada'vɔlenɨ /zada'vɔlena/.]
Sono innamorato /innamorata/.	**Я закаханы /закахана/.** [ʲa zaka'hanɨ /zaka'hana/.]
Sono calmo.	**Я спакойны /спакойна/.** [ʲa spa'kɔjnɨ /spa'kɔjna/.]
Sono annoiato.	**Мне сумна.** [mne 'sumna.]
Sono stanco /stanca/.	**Я стаміўся /стамілася/.** [ʲa sta'miwsʲa /sta'milasʲa/.]
Sono triste.	**Мне нудна.** [mne 'nudna.]
Sono spaventato.	**Я напужаны /напужана/.** [ʲa na'puʒanɨ /na'puʒana/.]
Sono arrabbiato /arrabiata/.	**Я злуюся.** [ʲa zlu'ʉsʲa.]
Sono preoccupato /preoccupata/.	**Я хвалююся.** [ʲa hva'lʉjusʲa.]
Sono nervoso /nervosa/.	**Я нярвуюся.** [ʲa nʲar'vuʉsʲa.]

Sono geloso /gelosa/.	**Я зайздрошчу.** [ʲa zajzd'rɔɕu.]
Sono sorpreso /sorpresa/.	**Я здзіўлены /здзіўлена/.** [ʲa 'zʥiwlenɨ /'zʥiwlena/.]
Sono perplesso.	**Я азадачаны /азадачана/.** [ʲa aza'datʃanɨ /aza'datʃana/.]

Problemi. Incidenti

Ho un problema.	**У мяне праблема.** [u mʲa'ne prab'lema.]
Abbiamo un problema.	**У нас праблема.** [u nas prab'lema.]
Sono perso /persa/.	**Я заблукаў /заблукала/.** [ʲa zablu'kaw /zablu'kala/.]
Ho perso l'ultimo autobus (treno).	**Я спазніўся на апошні аўтобус (цягнік).** [ʲa spaz'niwsʲa na a'pɔʃni aw'tɔbus (ʦʲaɦ'nik).]
Non ho più soldi.	**У мяне зусім не засталося грошай.** [u mʲa'ne zu'sim ne zasta'lɔsʲa 'ɦrɔʃaj.]
Ho perso ...	**Я згубіў /згубіла/...** [ʲa zɦu'biw /zɦu'bila/ ...]
Mi hanno rubato ...	**У мяне ўкралі ...** [u mʲa'ne w'krali ...]
il passaporto	**пашпарт** [paʃpart]
il portafoglio	**кашалёк** [kaʃa'lʲok]
i documenti	**дакументы** [daku'mentɨ]
il biglietto	**білет** [bi'let]
i soldi	**грошы** [ɦrɔʃɨ]
la borsa	**сумку** [sumku]
la macchina fotografica	**фотаапарат** [fɔtaapa'rat]
il computer portatile	**ноутбук** [nɔut'buk]
il tablet	**планшэт** [plan'ʃɛt]
il telefono cellulare	**тэлефон** [tɛle'fɔn]
Aiuto!	**Дапамажыце!** [dapama'ʒɨʦe]
Che cosa è successo?	**Што здарылася?** [ʃtɔ 'zdarɨlasʲa?]

fuoco	**пажар** [pa'ʒar]
sparatoria	**страляніна** [stralʲa'nina]
omicidio	**забойства** [za'bɔjstva]
esplosione	**выбух** [vɨbuh]
rissa	**бойка** [bɔjka]

Chiamate la polizia!	**Выклікайце міліцыю!** [vɨklikajʦe mi'liʦɨu!]
Per favore, faccia presto!	**Калі ласка, хутчэй!** [ka'li 'laska, hu'ʧɛj!]
Sto cercando la stazione di polizia.	**Я шукаю аддзяленне міліцыі.** [ʲa ʃu'kaɨ adʣʲa'lenne mi'liʦɨi.]
Devo fare una telefonata.	**Мне трэба пазваніць.** [mne 'trɛba pazva'niʦʲ.]
Posso usare il suo telefono?	**Магу я пазваніць?** [ma'ɦu ʲa pazva'niʦʲ?]

Sono stato /stata/ …	**Мяне …** [mʲa'ne …]
aggredito /aggredita/	**абрабавалі** [abraba'vali]
derubato /derubata/	**абкралі** [ab'krali]
violentata	**згвалтавалі** [zɦvalta'vali]
assalito /assalita/	**збілі** [zbili]

Lei sta bene?	**З вамі ўсё ў парадку?** [z 'vami wsʲo w pa'ratku?]
Ha visto chi è stato?	**Вы бачылі, хто гэта быў?** [vɨ 'baʧɨli, htɔ 'ɦɛta bɨw?]
È in grado di riconoscere la persona?	**Вы зможаце яго пазнаць?** [vɨ 'zmɔʒaʦe ʲa'ɦɔ paz'naʦʲ?]
È sicuro?	**Вы дакладна ўпэўнены?** [vɨ dak'ladna u'pɛwnenɨ?]

Per favore, si calmi.	**Калі ласка, супакойцеся.** [ka'li 'laska, supa'kɔjʦesʲa.]
Si calmi!	**Спакайней!** [spakaj'nej!]
Non si preoccupi.	**Не турбуйцеся.** [nɔ tur'bujʦesʲa.]
Andrà tutto bene.	**Усё будзе добра.** [wsʲo 'budze 'dɔbra.]
Va tutto bene.	**Усё ў парадку.** [wsʲo w pa'ratku.]

Venga qui, per favore.	**Падыдзіце, калі ласка.** [padɨ'dzitse, ka'li 'laska.]
Devo porle qualche domanda.	**У мяне да вас некалькі пытанняў.** [u mʲa'ne da vas 'nekalʲki pɨ'tannʲaw.]
Aspetti un momento, per favore.	**Пачакайце, калі ласка.** [patʃa'kajtse, ka'li 'laska.]
Ha un documento d'identità?	**У вас ёсць дакументы?** [u vas ʲostsʲ daku'mentɨ?]
Grazie. Può andare ora.	**Дзякуй. Вы можаце ісці.** [dzʲakuj. vɨ mɔʒatse isʲtsi.]
Mani dietro la testa!	**Рукі за галаву!** [ruki za ɦala'vu!]
È in arresto!	**Вы арыштаваны.** [vɨ arɨʃta'vanɨ!]

Problemi di salute

Mi può aiutare, per favore.	**Дапамажыце, калі ласка.** [dapama'ʒɨʦe, ka'li 'laska.]
Non mi sento bene.	**Мне дрэнна.** [mne 'drɛnna.]
Mio marito non si sente bene.	**Майму мужу дрэнна.** [majmu 'muʒu 'drɛnna.]
Mio figlio ...	**Майму сыну ...** [majmu 'sɨnu ...]
Mio padre ...	**Майму бацьку ...** [majmu 'baʦʲku ...]
Mia moglie non si sente bene.	**Маёй жонцы дрэнна.** [maʲoj 'ʒɔnʦɨ 'drɛnna.]
Mia figlia ...	**Маёй дачцэ ...** [maʲoj daʧ'ʦɛ ...]
Mia madre ...	**Маёй маці ...** [maʲoj 'maʦi ...]
Ho mal di ...	**У мяне баліць ...** [u mʲa'ne ba'liʦʲ ...]
testa	**галава** [ɦala'va]
gola	**горла** [ɦɔrla]
pancia	**жывот** [ʒɨ'vɔt]
denti	**зуб** [zub]
Mi gira la testa.	**У мяне кружыцца галава.** [u mʲa'ne 'kruʒɨʦa ɦala'va.]
Ha la febbre. (m)	**У яго тэмпература.** [u ʲa'ɦɔ tɛmpera'tura.]
Ha la febbre. (f)	**У яе тэмпература.** [u ʲae tɛmpera'tura.]
Non riesco a respirare.	**Я не магу дыхаць.** [ʲa ne ma'ɦu 'dɨhaʦʲ.]
Mi manca il respiro.	**Я задыхаюся.** [ʲa zadɨ'hausʲa.]
Sono asmatico.	**Я астматык.** [ʲa ast'matɨk.]
Sono diabetico /diabetica/.	**Я дыябетык.** [ʲa dɨʲa'betɨk.]

Soffro d'insonnia.	**У мяне бяссонніца.** [u mʲa'ne bʲas'sɔnnitsa.]
intossicazione alimentare	**харчовае атручванне** [har'ʧɔvae at'ruʧvanne]

Fa male qui.	**Баліць вось тут.** [ba'litsʲ vɔsʲ tut.]
Mi aiuti!	**Дапамажыце!** [dapama'ʒitse!]
Sono qui!	**Я тут!** [ʲa tut!]
Siamo qui!	**Мы тут!** [mɨ tut!]
Mi tiri fuori di qui!	**Выцягніце мяне!** [vɨtsʲaɦnitse mʲa'ne!]
Ho bisogno di un dottore.	**Мне патрэбны доктар.** [mne pa'trɛbnɨ 'dɔktar.]
Non riesco a muovermi.	**Я не магу рухацца.** [ʲa ne ma'ɦu 'ruhatsa.]
Non riesco a muovere le gambe.	**Я не адчуваю ног.** [ʲa ne atʧu'vaʉ nɔɦ.]

Ho una ferita.	**Я паранены /паранена/.** [ʲa pa'ranenɨ /pa'ranena/.]
È grave?	**Гэта сур'ёзна?** [ɦɛta su'rʼʲozna?]
I miei documenti sono in tasca.	**Мае дакументы ў кішэні.** [ma'e daku'mentɨ w ki'ʃɛni.]
Si calmi!	**Супакойцеся!** [supa'kɔjtsesʲa!]
Posso usare il suo telefono?	**Магу я пазваніць?** [ma'ɦu ʲa pazva'nitsʲ?]

Chiamate l'ambulanza!	**Выклікайце хуткую падамогу!** [vɨklikajtse 'hutkuʉ pada'mɔɦu!]
È urgente!	**Гэта неадкладна!** [ɦɛta neat'kladna!]
È un'emergenza!	**Гэта вельмі неадкладна!** [ɦɛta 'velʲmi neat'kladna!]
Per favore, faccia presto!	**Калі ласка, хутчэй!** [ka'li 'laska, hu'ʧɛj!]
Per favore, chiamate un medico.	**Выклікайце доктара, калі ласка!** [vɨklikajtse dɔktara, ka'li 'laska!]
Dov'è l'ospedale?	**Скажыце, дзе бальніца?** [ska'ʒɨtse, dze balj'nitsa?]

Come si sente?	**Як вы сябе адчуваеце?** [ʲak vɨ sʲa'be atʧu'vaetse?]
Sta bene?	**З вамі ўсё ў парадку?** [z 'vami wsʲo w pa'ratku?]
Che cosa è successo?	**Что здарылася?** [ʧtɔ 'zdarɨlasʲa?]

Mi sento meglio ora.

Мне ўжо лепш.
[mne wʒɔ lepʃ.]

Va bene.

Ўсё ў парадку.
[wsʲo w pa'ratku.]

Va tutto bene.

Усё добра.
[wsʲo 'dɔbra.]

In farmacia

farmacia	**аптэка** [ap'tεka]
farmacia di turno	**кругласутачная аптэка** [kruɦla'sutatʃnaʲa ap'tεka]
Dov'è la farmacia più vicina?	**Дзе бліжэйшая аптэка?** [dze bli'ʒεjʃaʲa ap'tεka?]
È aperta a quest'ora?	**Яна зараз адчынена?** [ʲa'na 'zaraz at'tʃɨnena?]
A che ora apre?	**А якой гадзіне яна адчыняецца?** [a 'ʲakɔj ɦa'dzine 'ʲana attʃɨ'nʲaetsa?]
A che ora chiude?	**Да якой гадзіны яна працуе?** [da ʲa'kɔj ɦa'dzinɨ ʲa'na pra'tsue?]
È lontana?	**Гэта далёка?** [ɦεta da'lʲoka?]
Posso andarci a piedi?	**Я дайду туды пешшу?** [ʲa daj'du tu'dɨ 'peʃu?]
Può mostrarmi sulla piantina?	**Пакажыце мне на карце, калі ласка.** [paka'ʒɨtse mne na kartse, ka'li 'laska.]
Per favore, può darmi qualcosa per ...	**Дайце мне чаго-небудзь ад ...** [dajtse mne tʃaɦɔ 'nebutsʲ at ...]
il mal di testa	**галаўнога болю** [ɦalaw'nɔɦa 'bɔlʉ]
la tosse	**кашлю** [kaʃlʉ]
il raffreddore	**прастуды** [pra'studɨ]
l'influenza	**грыпу** [ɦrɨpu]
la febbre	**тэмпературы** [tεmpera'turɨ]
il mal di stomaco	**болю ў страўніку** [bɔlʉ w 'strawniku]
la nausea	**млоснасці** [mlɔsnasʲtsi]
la diarrea	**дыярэі** [dɨʲa'rεi]
la costipazione	**запору** [za'pɔru]
mal di schiena	**боль у спіне** [bɔlʲ u spine]

dolore al petto	**боль у грудзях** [bɔlʲ u ɦru'dzʲah]
fitte al fianco	**боль у баку** [bɔlʲ u ba'ku]
dolori addominali	**боль у жываце** [bɔlʲ u ʒɨvatse]
pastiglia	**таблетка** [tab'letka]
pomata	**мазь, крэм** [mazʲ, krɛm]
sciroppo	**сіроп** [si'rɔp]
spray	**спрэй** [sprɛj]
gocce	**кроплі** [krɔpli]
Deve andare in ospedale.	**Вам патрэбна ў бальніцу.** [vam pa'trɛbna w balʲnitsu.]
assicurazione sanitaria	**страхоўка** [stra'hɔwka]
prescrizione	**рэцэпт** [rɛ'tsɛpt]
insettifugo	**сродак ад насякомых** [srɔdak ad nasʲa'kɔmɨh]
cerotto	**лейкапластыр** [lejka'plastɨr]

Il minimo indispensabile

Mi scusi, ...	**Прабачце, ...** [pra'baʧʦe, ...]
Buongiorno.	**Прывітанне.** [prɨvi'tanne.]
Grazie.	**Дзякуй.** [ʣʲakuj.]
Arrivederci.	**Да пабачэння.** [da paba'ʧɛnnʲa.]
Sì.	**Так.** [tak.]
No.	**Не.** [ne.]
Non lo so.	**Я ня ведаю.** [ʲa nʲa 'vedaʉ.]
Dove? | Dove? (~ stai andando?) | Quando?	**Дзе? | Куды? | Калі?** [ʣe? | ku'dɨ? | ka'li?]

Ho bisogno di ...	**Мне трэба ...** [mne 'trɛba ...]
Voglio ...	**Я хачу ...** [ʲa ha'ʧu ...]
Avete ...?	**У вас ёсць ...?** [u vas ʲosʦʲ ...?]
C'è un /una/ ... qui?	**Тут ёсць ...?** [tut ʲosʦʲ ...?]
Posso ...?	**Я магу ...?** [ʲa ma'ɦu ...?]
per favore	**Калі ласка** [ka'li 'laska]

Sto cercando ...	**Я шукаю ...** [ʲa ʃu'kaʉ ...]
il bagno	**туалет** [tua'let]
un bancomat	**банкамат** [banka'mat]
una farmacia	**аптэку** [ap'tɛku]
un ospedale	**бальніцу** [balj'niʦu]
la stazione di polizia	**аддзяленне міліцыі** [aʣʲa'lenne mi'liʦɨi]
la metro	**метро** [me'trɔ]

un taxi	**таксі** [tak'si]
la stazione (ferroviaria)	**вакзал** [vak'zal]

Mi chiamo …	**Мяне завуць …** [mʲa'ne za'vuʦʲ …]
Come si chiama?	**Як вас завуць?** [ʲak vas za'vuʦʲ?]
Mi può aiutare, per favore?	**Дапамажыце мне, калі ласка.** [dapama'ʒɨʦe mne, ka'li 'laska?]
Ho un problema.	**У мяне праблема.** [u mʲa'ne prab'lema.]
Mi sento male.	**Мне дрэнна.** [mne 'drɛnna.]
Chiamate l'ambulanza!	**Выклікайце хуткую дапамогу!** [vɨklikajʦe 'hutkuʉ dapa'mɔɦu!]
Posso fare una telefonata?	**Магу я пазваніць?** [ma'ɦu ʲa pazva'niʦʲ?]

Mi dispiace.	**Выбачце.** [vɨbaʧʦe.]
Prego.	**Калі ласка.** [ka'li 'laska.]

---

io	**я** [ʲa]
tu	**ты** [tɨ]
lui	**ён** [ʲon]
lei	**яна** [ʲa'na]
loro (m)	**яны** [ʲa'nɨ]
loro (f)	**яны** [ʲa'nɨ]
noi	**мы** [mɨ]
voi	**вы** [vɨ]
Lei	**вы** [vɨ]

ENTRATA	**УВАХОД** [uva'hɔd]
USCITA	**ВЫХАД** [vɨ'had]
FUORI SERVIZIO	**НЕ ПРАЦУЕ** [ne pra'ʦue]
CHIUSO	**ЗАЧЫНЕНА** [za'ʧɨnena]

APERTO	**АДЧЫНЕНА** [at'ʧɨnena]
DONNE	**ДЛЯ ЖАНЧЫН** [dlʲa ʒan'ʧɨn]
UOMINI	**ДЛЯ МУЖЧЫН** [dlʲa muʒ'ʧɨn]

VOCABOLARIO SUDDIVISO PER ARGOMENTI

Questa sezione contiene più di 3.000 termini tra i più importanti. Il dizionario sarà un inestimabile aiuto durante i vostri viaggi all'estero, in quanto contiene termini di uso quotidiano che permetteranno di farvi capire facilmente.
Il dizionario include un'utile trascrizione fonetica per ogni termine straniero

T&P Books Publishing

INDICE DEL DIZIONARIO

T&P Books Publishing

CONCETTI DI BASE

T&P Books Publishing

1. Pronomi

io	**я**	[ʲa]
tu	**ты**	[tɨ]
lui	**ён**	[ʲon]
lei	**яна**	[ʲa'na]
esso	**яно**	[ʲa'nɔ]
noi	**мы**	['mɨ]
voi	**вы**	['vɨ]
loro	**яны**	[ʲa'nɨ]

2. Saluti. Convenevoli

Salve!	**Вітаю!**	[vi'taʉ]
Buongiorno!	**Вітаю вас!**	[vi'taʉ vas]
Buongiorno! (la mattina)	**Добрай раніцы!**	[dɔbraj 'raniʦɨ]
Buon pomeriggio!	**Добры дзень!**	[dɔbrɨ 'ʣenʲ]
Buonasera!	**Добры вечар!**	[dɔbrɨ 'veʧar]
salutare (vt)	**вітацца**	[vi'taʦa]
Ciao! Salve!	**Прывітанне!**	[prɨvi'tanne]
saluto (m)	**прывітанне** (н)	[prɨvi'tanne]
salutare (vt)	**вітаць**	[vi'taʦʲ]
Come sta? Come stai?	**Як маецеся?**	[ʲak 'maeʦesʲa]
Che c'è di nuovo?	**Што новага?**	[ʃtɔ 'nɔvaɦa]
Arrivederci!	**Да пабачэння!**	[da paba'ʧɛnnʲa]
Arrivederci!	**Да пабачэння!**	[da paba'ʧɛnnʲa]
Ciao!	**Бывай!**	[bɨ'vaj]
A presto!	**Да хуткай сустрэчы!**	[da 'hutkaj sus'trɛʧɨ]
Addio! (inform.)	**Бывай!**	[bɨ'vaj]
Addio! (form.)	**Бывайце!**	[bɨ'vajʦe]
congedarsi (vr)	**развітвацца**	[raz'vitvaʦa]
Ciao! (A presto!)	**Пакуль!**	[pa'kulʲ]
Grazie!	**Дзякуй!**	['ʣʲakuj]
Grazie mille!	**Вялікі дзякуй!**	[vʲa'liki 'ʣʲakuj]
Prego	**Калі ласка.**	[ka'li 'laska]
Non c'è di che!	**Не варта падзякі**	[nʲa 'varta pa'ʣʲaki]
Di niente	**Няма за што.**	[nʲa'ma za 'ʃtɔ]
Scusa!	**Прабач!**	[pra'baʧ]
Scusi!	**Прабачце!**	[pra'baʧʦe]

scusare (vt)	**прабачаць**	[praba'ʧatsʲ]
scusarsi (vr)	**прасіць прабачэння**	[pra'sitsʲ praba'ʧɛnnʲa]
Chiedo scusa	**Прашу прабачэння**	[pra'ʃu praba'ʧɛnnʲa]
Mi perdoni!	**Выбачайце!**	[vɨba'ʧajtse]
perdonare (vt)	**выбачаць**	[vɨba'ʧatsʲ]
Non fa niente	**Нічога страшнага.**	[ni'ʧɔɣa 'straʃnaɣa]
per favore	**калі ласка**	[ka'li 'laska]
Non dimentichi!	**Не забудзьце!**	[ne za'butsʲe]
Certamente!	**Вядома!**	[vʲa'dɔma]
Certamente no!	**Вядома, не!**	[vʲa'dɔma, 'ne]
D'accordo!	**Згодзен!**	['zɦɔdzen]
Basta!	**Хопіць!**	['hɔpitsʲ]

3. Domande

Chi?	**Хто?**	['htɔ]
Che cosa?	**Што?**	['ʃtɔ]
Dove? (in che luogo?)	**Дзе?**	['dze]
Dove? (~ vai?)	**Куды?**	[ku'dɨ]
Di dove?, Da dove?	**Адкуль?**	[at'kulʲ]
Quando?	**Калі?**	[ka'li]
Perché? (per quale scopo?)	**Навошта?**	[na'vɔʃta]
Perché? (per quale ragione?)	**Чаму?**	[ʧa'mu]
Per che cosa?	**Для чаго?**	[dlʲa ʧa'ɦɔ]
Come?	**Як?**	['ʲak]
Che? (~ colore è?)	**Які?**	[ʲa'ki]
Quale?	**Каторы?**	[ka'tɔrɨ]
A chi?	**Каму?**	[ka'mu]
Di chi?	**Пра каго?**	[pra ka'ɦɔ]
Di che cosa?	**Пра што?**	[pra 'ʃtɔ]
Con chi?	**З кім?**	[s kim]
Quanti?, Quanto?	**Колькі?**	['kɔlʲki]
Di chi?	**Чый?**	['ʧɨj]
Di chi? (pl)	**Чые?**	[ʧɨe?]

4. Preposizioni

con (tè ~ il latte)	**з**	[z]
senza	**без**	['bes]
a (andare ~ …)	**у**	[u]
di (parlare ~ …)	**аб**	[ap]
prima di …	**перад**	['perat]

di fronte a ...	**перад ...**	['perat ...]
sotto (avv)	**пад**	['pat]
sopra (al di ~)	**над**	['nat]
su (sul tavolo, ecc.)	**на**	[na]
da, di (via da ..., fuori di ...)	**з**	[z]
di (fatto ~ cartone)	**з**	[z]
fra (~ dieci minuti)	**праз**	['pras]
attraverso (dall'altra parte)	**праз**	['pras]

5. Parole grammaticali. Avverbi. Parte 1

Dove?	**Дзе?**	['ʣe]
qui (in questo luogo)	**тут**	['tut]
lì (in quel luogo)	**там**	['tam]
da qualche parte (essere ~)	**дзесьці**	['ʣesʲʦi]
da nessuna parte	**нідзе**	[ni'ʣe]
vicino a ...	**ля ...**	[lʲa ...]
vicino alla finestra	**ля акна**	[lʲa ak'na]
Dove?	**Куды?**	[ku'dɨ]
qui (vieni ~)	**сюды**	[sʉ'dɨ]
ci (~ vado stasera)	**туды**	[tu'dɨ]
da qui	**адсюль**	[a'ʦʉlʲ]
da lì	**адтуль**	[at'tulʲ]
vicino, accanto (avv)	**блізка**	['bliska]
lontano (avv)	**далёка**	[da'lʲoka]
vicino (~ a Parigi)	**каля**	[ka'lʲa]
vicino (qui ~)	**побач**	['pɔbaʧ]
non lontano	**недалёка**	[neda'lʲoka]
sinistro (agg)	**левы**	['levɨ]
a sinistra (rimanere ~)	**злева**	['zleva]
a sinistra (girare ~)	**налева**	[na'leva]
destro (agg)	**правы**	['pravɨ]
a destra (rimanere ~)	**справа**	['sprava]
a destra (girare ~)	**направа**	[na'prava]
davanti	**спераду**	['speradu]
anteriore (agg)	**пярэдні**	[pʲa'rɛdni]
avanti	**наперад**	[na'perat]
dietro (avv)	**ззаду**	['zzadu]
da dietro	**ззаду**	['zzadu]

indietro	**назад**	[na'zat]
mezzo (m), centro (m)	**сярэдзіна** (ж)	[sʲa'rɛʣina]
in mezzo, al centro	**пасярэдзіне**	[pasʲa'rɛʣine]
di fianco	**збоку**	['zbɔku]
dappertutto	**усюды**	[u'sʉdɨ]
attorno	**навакол**	[nava'kɔl]
da dentro	**знутры**	[znu'trɨ]
da qualche parte (andare ~)	**кудысьці**	[ku'dɨsʲʦi]
dritto (direttamente)	**наўпрост**	[naw'prɔst]
indietro	**назад**	[na'zat]
da qualsiasi parte	**адкуль-небудзь**	[at'kulʲ 'nebuʦʲ]
da qualche posto (veniamo ~)	**аднекуль**	[ad'nekulʲ]
in primo luogo	**па-першае**	[pa 'perʃae]
in secondo luogo	**па-другое**	[pa dru'ɦɔe]
in terzo luogo	**па-трэцяе**	[pa 'trɛʦʲae]
all'improvviso	**раптам**	['raptam]
all'inizio	**напачатку**	[napa'ʧatku]
per la prima volta	**упершыню**	[uperʃɨ'nʉ]
molto tempo prima di...	**задоўга да ...**	[za'dɔwɦa da ...]
di nuovo	**нанава**	['nanava]
per sempre	**назусім**	[nazu'sim]
mai	**ніколі**	[ni'kɔli]
ancora	**зноўку**	['znɔwku]
adesso	**цяпер**	[ʦʲa'per]
spesso (avv)	**часта**	['ʧasta]
allora	**тады**	[ta'dɨ]
urgentemente	**тэрмінова**	[tɛrmi'nɔva]
di solito	**звычайна**	[zvɨ'ʧajna]
a proposito, ...	**дарэчы, ...**	[da'rɛʧɨ, ...]
è possibile	**магчыма**	[maɦ'ʧɨma]
probabilmente	**напэўна**	[na'pɛwna]
forse	**мабыць**	['mabɨʦʲ]
inoltre ...	**акрамя таго, ...**	[akra'mʲa ta'ɦɔ, ...]
ecco perché ...	**таму ...**	[ta'mu ...]
nonostante (~ tutto)	**нягледзячы на ...**	[nʲaɦ'leʣʲaʧɨ na ...]
grazie a ...	**дзякуючы ...**	['ʣʲakuʉʧɨ ...]
che cosa (pron)	**што**	['ʃtɔ]
che (cong)	**што**	['ʃtɔ]
qualcosa (qualsiasi cosa)	**нешта**	['neʃta]
qualcosa (le serve ~?)	**што-небудзь**	[ʃtɔ'nebuʦʲ]
niente	**нічога**	[ni'ʧɔɦa]
chi (pron)	**хто**	['htɔ]

qualcuno (annuire a ~)	**хтосьці**	['htɔsʲtsi]
qualcuno (dipendere da ~)	**хто-небудзь**	[htɔ'nebutsʲ]
nessuno	**ніхто**	[nih'tɔ]
da nessuna parte	**нікуды**	[ni'kudɨ]
di nessuno	**нічый**	[ni'tʃɨj]
di qualcuno	**чый-небудзь**	[tʃɨj'nebutsʲ]
così (era ~ arrabbiato)	**так**	['tak]
anche (penso ~ a ...)	**таксама**	[tak'sama]
anche, pure	**таксама**	[tak'sama]

6. Parole grammaticali. Avverbi. Parte 2

Perché?	**Чаму?**	[tʃa'mu]
per qualche ragione	**чамусьці**	[tʃa'musʲtsi]
perché ...	**бо ...**	[bɔ ...]
per qualche motivo	**наштосьці**	[naʃ'tɔsʲtsi]
e (cong)	**і**	[i]
o (sì ~ no?)	**або**	[a'bɔ]
ma (però)	**але**	[a'le]
per (~ me)	**для**	['dlʲa]
troppo	**занадта**	[za'natta]
solo (avv)	**толькі**	['tɔlʲki]
esattamente	**дакладна**	[da'kladna]
circa (~ 10 dollari)	**каля**	[ka'lʲa]
approssimativamente	**прыблізна**	[prɨb'lizna]
approssimativo (agg)	**прыблізны**	[prɨb'liznɨ]
quasi	**амаль**	[a'malʲ]
resto	**астатняе** (н)	[as'tatnʲae]
l'altro (~ libro)	**другі**	[dru'ɦi]
altro (differente)	**другі, іншы**	[dru'ɦi, in'ʃɨ]
ogni (agg)	**кожны**	['kɔʒnɨ]
qualsiasi (agg)	**любы**	[lʉ'bɨ]
molti, molto	**шмат**	['ʃmat]
molta gente	**многія**	['mnɔɦiʲa]
tutto, tutti	**усе**	[u'se]
in cambio di ...	**у абмен на ...**	[u ab'men na ...]
in cambio	**наўзамен**	[nawza'men]
a mano (fatto ~)	**уручную**	[urutʃ'nuʉ]
poco probabile	**наўрад ці**	[naw'ratsi]
probabilmente	**пэўна**	['pɛwna]
apposta	**знарок**	[zna'rɔk]
per caso	**выпадкова**	[vɨpat'kɔva]

molto (avv)	**вельмі**	['velʲmi]
per esempio	**напрыклад**	[na'prɨklat]
fra (~ due)	**між**	['miʃ]
fra (~ più di due)	**сярод**	[sʲa'rɔt]
tanto (quantità)	**столькі**	['stɔlʲki]
soprattutto	**асабліва**	[asa'bliva]

NUMERI. VARIE

T&P Books Publishing

7. Numeri cardinali. Parte 1

zero (m)	**нуль** (м)	['nulʲ]
uno	**адзін**	[a'ʣin]
due	**два**	['dva]
tre	**тры**	['trɨ]
quattro	**чатыры**	[ʧa'tɨrɨ]
cinque	**пяць**	['pʲaʦʲ]
sei	**шэсць**	['ʃɛsʦʲ]
sette	**сем**	['sem]
otto	**восем**	['vɔsem]
nove	**дзевяць**	['ʣevʲaʦʲ]
dieci	**дзесяць**	['ʣesʲaʦʲ]
undici	**адзінаццаць**	[aʣi'naʦaʦʲ]
dodici	**дванаццаць**	[dva'naʦaʦʲ]
tredici	**трынаццаць**	[trɨ'naʦaʦʲ]
quattordici	**чатырнаццаць**	[ʧatɨr'naʦaʦʲ]
quindici	**пятнаццаць**	[pʲat'naʦaʦʲ]
sedici	**шаснаццаць**	[ʃas'naʦaʦʲ]
diciassette	**семнаццаць**	[sʲam'naʦaʦʲ]
diciotto	**васемнаццаць**	[vasʲam'naʦaʦʲ]
diciannove	**дзевятнаццаць**	[ʣevʲat'naʦaʦʲ]
venti	**дваццаць**	['dvaʦaʦʲ]
ventuno	**дваццаць адзін**	[dvaʦaʦʲ a'ʣin]
ventidue	**дваццаць два**	[dvaʦaʦʲ 'dva]
ventitre	**дваццаць тры**	[dvaʦaʦʲ 'trɨ]
trenta	**трыццаць**	['trɨʦaʦʲ]
trentuno	**трыццаць адзін**	[trɨʦaʦʲ a'ʣin]
trentadue	**трыццаць два**	[trɨʦaʦʲ 'dva]
trentatre	**трыццаць тры**	[trɨʦaʦʲ 'trɨ]
quaranta	**сорак**	['sɔrak]
quarantuno	**сорак адзін**	[sɔrak a'ʣin]
quarantadue	**сорак два**	[sɔrak 'dva]
quarantatre	**сорак тры**	[sɔrak 'trɨ]
cinquanta	**пяцьдзесят**	[pʲaʣʲa'sʲat]
cinquantuno	**пяцьдзесят адзін**	[pʲaʣʲa'sʲat a'ʣin]
cinquantadue	**пяцьдзесят два**	[pʲaʣʲa'sʲat 'dva]
cinquantatre	**пяцьдзесят тры**	[pʲaʣʲa'sʲat 'trɨ]
sessanta	**шэсцьдзесят**	['ʃɛzʲʣesʲat]

sessantuno	**шэсцьдзесят адзін**	[ʃɛzʲdzesʲat a'dzin]
sessantadue	**шэсцьдзесят два**	[ʃɛzʲdzesʲat 'dva]
sessantatre	**шэсцьдзесят тры**	[ʃɛzʲdzesʲat 'trɨ]
settanta	**семдзесят**	['semdzesʲat]
settantuno	**семдзесят адзін**	[semdzesʲat a'dzin]
settantadue	**семдзесят два**	[semdzesʲat 'dva]
settantatre	**семдзесят тры**	[semdzesʲat 'trɨ]
ottanta	**восемдзесят**	['vɔsemdzesʲat]
ottantuno	**восемдзесят адзін**	[vɔsemdzesʲat a'dzin]
ottantadue	**восемдзесят два**	[vɔsemdzesʲat 'dva]
ottantatre	**восемдзесят тры**	[vɔsemdzesʲat 'trɨ]
novanta	**дзевяноста**	[dzevʲa'nɔsta]
novantuno	**дзевяноста адзін**	[dzevʲa'nɔsta a'dzin]
novantadue	**дзевяноста два**	[dzevʲa'nɔsta 'dva]
novantatre	**дзевяноста тры**	[dzevʲa'nɔsta 'trɨ]

8. Numeri cardinali. Parte 2

cento	**сто**	['stɔ]
duecento	**дзвесце**	[dzj'vesʲtse]
trecento	**трыста**	['trɨsta]
quattrocento	**чатырыста**	[tʃa'tɨrɨsta]
cinquecento	**пяцьсот**	[pʲats'sɔt]
seicento	**шэсцьсот**	[ʃɛstsʲ'sɔt]
settecento	**семсот**	[sem'sɔt]
ottocento	**восемсот**	[vɔsem'sɔt]
novecento	**дзевяцьсот**	[dzevʲatsʲ'sɔt]
mille	**тысяча**	['tɨsʲatʃa]
duemila	**дзве тысячы**	['dzʲve 'tɨsʲatʃɨ]
tremila	**тры тысячы**	['trɨ 'tɨsʲatʃɨ]
diecimila	**дзесяць тысяч**	['dzesʲatsʲ 'tɨsʲatʃ]
centomila	**сто тысяч**	['stɔ 'tɨsʲatʃ]
milione (m)	**мільён** (м)	[mi'ljɔn]
miliardo (m)	**мільярд** (м)	[mi'lʲart]

9. Numeri ordinali

primo	**першы**	['perʃɨ]
secondo	**другі**	[dru'hɪ]
terzo	**трэці**	['trɛtsi]
quarto	**чацвёрты**	[tʃats'vʲortɨ]
quinto	**пяты**	['pʲatɨ]
sesto	**шосты**	['ʃɔstɨ]

settimo	**сёмы**	['sʲomɨ]
ottavo	**восьмы**	['vɔsʲmɨ]
nono	**дзевяты**	[dzʲa'vʲatɨ]
decimo	**дзесяты**	[dzʲa'sʲatɨ]

COLORI. UNITÀ DI MISURA

T&P Books Publishing

10. Colori

colore (m)	**колер** (м)	['kɔler]
sfumatura (f)	**адценне** (н)	[a'ʦenne]
tono (m)	**тон** (м)	['tɔn]
arcobaleno (m)	**вясёлка** (ж)	[vʲa'sʲolka]
bianco (agg)	**белы**	['belɨ]
nero (agg)	**чорны**	['ʧɔrnɨ]
grigio (agg)	**шэры**	['ʃɛrɨ]
verde (agg)	**зялёны**	[zʲa'lʲonɨ]
giallo (agg)	**жоўты**	['ʒɔwtɨ]
rosso (agg)	**чырвоны**	[ʧɨr'vɔnɨ]
blu (agg)	**сіні**	['sini]
azzurro (agg)	**блакітны**	[bla'kitnɨ]
rosa (agg)	**ружовы**	[ru'ʒɔvɨ]
arancione (agg)	**аранжавы**	[a'ranʒavɨ]
violetto (agg)	**фіялетавы**	[fiʲa'letavɨ]
marrone (agg)	**карычневы**	[ka'rɨʧnevɨ]
d'oro (agg)	**залаты**	[zala'tɨ]
argenteo (agg)	**серабрысты**	[sera'brɨstɨ]
beige (agg)	**бэжавы**	['bɛʒavɨ]
color crema (agg)	**крэмавы**	['krɛmavɨ]
turchese (agg)	**бірузовы**	[biru'zɔvɨ]
rosso ciliegia (agg)	**вішнёвы**	[viʃ'nʲovɨ]
lilla (agg)	**ліловы**	[li'lɔvɨ]
rosso lampone (agg)	**малінавы**	[ma'linavɨ]
chiaro (agg)	**светлы**	['svetlɨ]
scuro (agg)	**цёмны**	['ʦʲomnɨ]
vivo, vivido (agg)	**яркі**	['ʲarki]
colorato (agg)	**каляровы**	[kalʲa'rɔvɨ]
a colori	**каляровы**	[kalʲa'rɔvɨ]
bianco e nero (agg)	**чорна-белы**	[ʧɔrna 'belɨ]
in tinta unita	**аднакаляровы**	[adnakalʲa'rɔvɨ]
multicolore (agg)	**рознакаляровы**	[rɔznakalʲa'rɔvɨ]

11. Unità di misura

peso (m)	**вага** (ж)	[va'ɦa]
lunghezza (f)	**даўжыня** (ж)	[dawʒɨ'nʲa]

larghezza (f)	**шырыня** (ж)	[ʃɨrɨ'nʲa]
altezza (f)	**вышыня** (ж)	[vɨʃɨ'nʲa]
profondità (f)	**глыбіня** (ж)	[ɦlɨbi'nʲa]
volume (m)	**аб'ём** (м)	[a'bˀʲom]
area (f)	**плошча** (ж)	['plɔʃɕa]
grammo (m)	**грам** (м)	['ɦram]
milligrammo (m)	**міліграм** (м)	[mili'ɦram]
chilogrammo (m)	**кілаграм** (м)	[kila'ɦram]
tonnellata (f)	**тона** (ж)	['tɔna]
libbra (f)	**фунт** (м)	['funt]
oncia (f)	**унцыя** (ж)	['unʦɨʲa]
metro (m)	**метр** (м)	['metr]
millimetro (m)	**міліметр** (м)	[mili'metr]
centimetro (m)	**сантыметр** (м)	[santɨ'metr]
chilometro (m)	**кіламетр** (м)	[kila'metr]
miglio (m)	**міля** (ж)	['milʲa]
pollice (m)	**цаля** (ж)	['ʦalʲa]
piede (f)	**фут** (м)	['fut]
iarda (f)	**ярд** (м)	['ʲart]
metro (m) quadro	**квадратны метр** (м)	[kvad'ratnɨ 'metr]
ettaro (m)	**гектар** (м)	[ɦek'tar]
litro (m)	**літр** (м)	['litr]
grado (m)	**градус** (м)	['ɦradus]
volt (m)	**вольт** (м)	['vɔlʲt]
ampere (m)	**ампер** (м)	[am'per]
cavallo vapore (m)	**конская сіла** (ж)	[kɔnskaʲa 'sila]
quantità (f)	**колькасць** (ж)	['kɔlʲkasʦʲ]
un po' di ...	**нямнога ...**	[nʲam'noɦa ...]
metà (f)	**палова** (ж)	[pa'lɔva]
dozzina (f)	**тузін** (м)	['tuzin]
pezzo (m)	**штука** (ж)	['ʃtuka]
dimensione (f)	**памер** (м)	[pa'mer]
scala (f) (modello in ~)	**маштаб** (м)	[maʃ'tap]
minimo (agg)	**мінімальны**	[mini'malʲnɨ]
minore (agg)	**найменшы**	[naj'menʃɨ]
medio (agg)	**сярэдні**	[sʲa'rɛdni]
massimo (agg)	**максімальны**	[maksi'malʲnɨ]
maggiore (agg)	**найбольшы**	[naj'bɔlʲʃɨ]

12. Contenitori

barattolo (m) di vetro	**слоік** (м)	['slɔik]
latta, lattina (f)	**бляшанка** (ж)	[blʲa'ʃanka]

secchio (m)	**вядро** (н)	[vʲa'drɔ]
barile (m), botte (f)	**бочка** (ж)	['bɔtʃka]
catino (m)	**таз** (м)	['tas]
serbatoio (m) (per liquidi)	**бак** (м)	['bak]
fiaschetta (f)	**біклажка** (ж)	[bik'laʃka]
tanica (f)	**каністра** (ж)	[ka'nistra]
cisterna (f)	**цыстэрна** (ж)	[ʦɨs'tɛrna]
tazza (f)	**кубак** (м)	['kubak]
tazzina (f) (~ di caffé)	**кубак** (м)	['kubak]
piattino (m)	**сподак** (м)	['spɔdak]
bicchiere (m) (senza stelo)	**шклянка** (ж)	['ʃklʲanka]
calice (m)	**келіх** (м)	['kelih]
casseruola (f)	**рондаль** (м)	['rɔndalʲ]
bottiglia (f)	**бутэлька** (ж)	[bu'tɛlʲka]
collo (m) (~ della bottiglia)	**рыльца** (н)	['rɨlʲʦa]
caraffa (f)	**графін** (м)	[ɦra'fin]
brocca (f)	**збан** (м)	['zban]
recipiente (m)	**пасудзіна** (ж)	[pa'suʣina]
vaso (m) di coccio	**гаршчок** (м)	[ɦar'ʃɕɔk]
vaso (m) di fiori	**ваза** (ж)	['vaza]
boccetta (f) (~ di profumo)	**флакон** (м)	[fla'kɔn]
fiala (f)	**бутэлечка** (ж)	[bu'tɛletʃka]
tubetto (m)	**цюбік** (м)	['ʦʉbik]
sacco (m) (~ di patate)	**мяшок** (м)	[mʲa'ʃɔk]
sacchetto (m) (~ di plastica)	**пакет** (м)	[pa'ket]
pacchetto (m) (~ di sigarette, ecc.)	**пачак** (м)	['patʃak]
scatola (f) (~ per scarpe)	**каробка** (ж)	[ka'rɔpka]
cassa (f) (~ di vino, ecc.)	**скрынка** (ж)	['skrɨnka]
cesta (f)	**кош** (м)	['kɔʃ]

I VERBI PIÙ IMPORTANTI

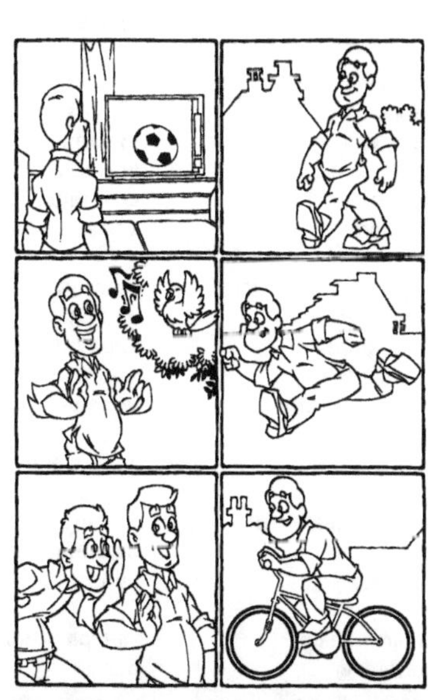

T&P Books Publishing

13. I verbi più importanti. Parte 1

accorgersi (vr)	**заўважаць**	[zawva'ʒaʦʲ]
afferrare (vt)	**лавіць**	[la'viʦʲ]
affittare (dare in affitto)	**наймаць**	[naj'maʦʲ]
aiutare (vt)	**дапамагаць**	[dapama'ɦaʦʲ]
amare (qn)	**кахаць**	[ka'haʦʲ]
andare (camminare)	**ісці**	[is'ʦi]
annotare (vt)	**запісваць**	[za'pisvaʦʲ]
appartenere (vi)	**належаць**	[na'leʒaʦʲ]
aprire (vt)	**адчыняць**	[aʧɨ'nʲaʦʲ]
arrivare (vi)	**прыязджаць**	[prɨʲaʒ'ʤaʦʲ]
aspettare (vt)	**чакаць**	[ʧa'kaʦʲ]
avere (vt)	**мець**	['meʦʲ]
avere fame	**хацець есці**	[ha'ʦeʦʲ 'esʲʦi]
avere fretta	**спяшацца**	[spʲa'ʃaʦsa]
avere paura	**баяцца**	[ba'ʲaʦsa]
avere sete	**хацець піць**	[ha'ʦeʦʲ 'piʦʲ]
avvertire (vt)	**папярэджваць**	[papʲa'rɛʤvaʦʲ]
cacciare (vt)	**паляваць**	[palʲa'vaʦʲ]
cadere (vi)	**падаць**	['padaʦʲ]
cambiare (vt)	**змяніць**	[zmʲa'niʦʲ]
capire (vt)	**разумець**	[razu'meʦʲ]
cenare (vi)	**вячэраць**	[vʲa'ʧɛraʦʲ]
cercare (vt)	**шукаць …**	[ʃu'kaʦʲ …]
cessare (vt)	**спыняць**	[spɨ'nʲaʦʲ]
chiedere (~ aiuto)	**клікаць**	['klikaʦʲ]
chiedere (domandare)	**пытаць**	[pɨ'taʦʲ]
cominciare (vt)	**пачынаць**	[paʧɨ'naʦʲ]
comparare (vt)	**параўноўваць**	[paraw'nɔwvaʦʲ]
confondere (vt)	**блытаць**	['blɨtaʦʲ]
conoscere (qn)	**ведаць**	['vedaʦʲ]
conservare (vt)	**захоўваць**	[za'hɔwvaʦʲ]
consigliare (vt)	**раіць**	['raiʦʲ]
contare (calcolare)	**лічыць**	[li'ʧɨʦʲ]
contare su …	**разлічваць на …**	[raz'liʧvaʦʲ na …]
continuare (vt)	**працягваць**	[pra'ʦʲaɦvaʦʲ]
controllare (vt)	**кантраляваць**	[kantralʲa'vaʦʲ]
correre (vi)	**бегчы**	['beɦʧɨ]

costare (vt)	**каштаваць**	[kaʃta'vaʦʲ]
creare (vt)	**стварыць**	[stva'rɨʦʲ]
cucinare (vi)	**гатаваць**	[ɦata'vaʦʲ]

14. I verbi più importanti. Parte 2

dare (vt)	**даваць**	[da'vaʦʲ]
dare un suggerimento	**падказаць**	[patka'zaʦʲ]
decorare (adornare)	**упрыгожваць**	[uprɨ'ɦɔʒvaʦʲ]
difendere (~ un paese)	**абараняць**	[abara'nʲaʦʲ]
dimenticare (vt)	**забываць**	[zabɨ'vaʦʲ]
dire (~ la verità)	**сказаць**	[ska'zaʦʲ]
dirigere (compagnia, ecc.)	**кіраваць**	[kira'vaʦʲ]
discutere (vt)	**абмяркоўваць**	[abmʲar'kɔwvaʦʲ]
domandare (vt)	**прасіць**	[pra'siʦʲ]
dubitare (vi)	**сумнявацца**	[sumnʲa'vaʦa]
entrare (vi)	**уваходзіць**	[uva'hɔʣiʦʲ]
esigere (vt)	**патрабаваць**	[patraba'vaʦʲ]
esistere (vi)	**існаваць**	[isna'vaʦʲ]
essere (vi)	**быць**	['bɨʦʲ]
essere d'accordo	**згаджацца**	[zɦa'ʤaʦa]
fare (vt)	**рабіць**	[ra'biʦʲ]
fare colazione	**снедаць**	['snedaʦʲ]
fare il bagno	**купацца**	[ku'paʦa]
fermarsi (vr)	**спыняцца**	[spɨ'nʲaʦa]
fidarsi (vr)	**давяраць**	[davʲa'raʦʲ]
finire (vt)	**заканчваць**	[za'kanʧvaʦʲ]
firmare (~ un documento)	**падпісваць**	[pat'pisvaʦʲ]
giocare (vi)	**гуляць**	[ɦu'lʲaʦʲ]
girare (~ a destra)	**паварочваць**	[pava'rɔʧvaʦʲ]
gridare (vi)	**крычаць**	[krɨ'ʧaʦʲ]
indovinare (vt)	**адгадаць**	[adɦa'daʦʲ]
informare (vt)	**інфармаваць**	[infarma'vaʦʲ]
ingannare (vt)	**падманваць**	[pad'manvaʦʲ]
insistere (vi)	**настойваць**	[na'stɔjvaʦʲ]
insultare (vt)	**абражаць**	[abra'ʒaʦʲ]
interessarsi di …	**цікавіцца …**	[ʦi'kaviʦa …]
invitare (vt)	**запрашаць**	[zapra'ʃaʦʲ]
lamentarsi (vr)	**скардзіцца**	['skarʣɪʦa]
lasciar cadere	**упускаць**	[upus'kaʦʲ]
lavorare (vi)	**працаваць**	[praʦa'vaʦʲ]
leggere (vi, vt)	**чытаць**	[ʧɨ'taʦʲ]
liberare (vt)	**вызваляць**	[vɨzva'lʲaʦʲ]

15. I verbi più importanti. Parte 3

mancare le lezioni	**прапускаць**	[prapus'kaʦʲ]
mandare (vt)	**адпраўляць**	[atpraw'lʲaʦʲ]
menzionare (vt)	**згадваць**	['zɦadvaʦʲ]
minacciare (vt)	**пагражаць**	[paɦra'ʒaʦʲ]
mostrare (vt)	**паказваць**	[pa'kazvaʦʲ]
nascondere (vt)	**хаваць**	[ha'vaʦʲ]
nuotare (vi)	**плаваць**	['plavaʦʲ]
obiettare (vt)	**пярэчыць**	[pʲa'rɛʧɨʦʲ]
occorrere (vimp)	**патрабавацца**	[patraba'vaʦa]
ordinare (~ il pranzo)	**заказваць**	[za'kazvaʦʲ]
ordinare (mil.)	**загадваць**	[za'ɦadvaʦʲ]
osservare (vt)	**назіраць**	[nazi'raʦʲ]
pagare (vi, vt)	**плаціць**	[pla'ʦiʦʲ]
parlare (vi, vt)	**гаварыць**	[ɦava'rɨʦʲ]
partecipare (vi)	**удзельнічаць**	[u'ʣelʲniʧaʦʲ]
pensare (vi, vt)	**думаць**	['dumaʦʲ]
perdonare (vt)	**выбачаць**	[vɨba'ʧaʦʲ]
permettere (vt)	**дазваляць**	[dazva'lʲaʦʲ]
piacere (vi)	**падабацца**	[pada'baʦa]
piangere (vi)	**плакаць**	['plakaʦʲ]
pianificare (vt)	**планаваць**	[plana'vaʦʲ]
possedere (vt)	**валодаць**	[va'lɔdaʦʲ]
potere (v aus)	**магчы**	[maɦ'ʧɨ]
pranzare (vi)	**абедаць**	[a'bedaʦʲ]
preferire (vt)	**аддаваць перавагу**	[adda'vaʦʲ pera'vaɦu]
pregare (vi, vt)	**маліцца**	[ma'liʦa]
prendere (vt)	**браць**	['braʦʲ]
prevedere (vt)	**прадбачыць**	[prad'baʧɨʦʲ]
promettere (vt)	**абяцаць**	[abʲa'ʦaʦʲ]
pronunciare (vt)	**вымаўляць**	[vɨmaw'lʲaʦʲ]
proporre (vt)	**прапаноўваць**	[prapa'nɔwvaʦʲ]
punire (vt)	**караць**	[ka'raʦʲ]
raccomandare (vt)	**рэкамендаваць**	[rɛkamenda'vaʦʲ]
ridere (vi)	**смяяцца**	[smæ'ʲaʦa]
rifiutarsi (vr)	**адмаўляцца**	[admaw'lʲaʦa]
rincrescere (vi)	**шкадаваць**	[ʃkada'vaʦʲ]
ripetere (ridire)	**паўтараць**	[pawta'raʦʲ]
riservare (vt)	**рэзерваваць**	[rɛzerva'vaʦʲ]
rispondere (vi, vt)	**адказваць**	[at'kazvaʦʲ]
rompere (spaccare)	**ламаць**	[la'maʦʲ]
rubare (~ i soldi)	**красці**	['krasʲʦi]

16. I verbi più importanti. Parte 4

salvare (~ la vita a qn)	**ратаваць**	[rata'vaʦʲ]
sapere (vt)	**ведаць**	['vedaʦʲ]
sbagliare (vi)	**памыляцца**	[pamɨ'lʲaʦa]
scavare (vt)	**капаць**	[ka'paʦʲ]
scegliere (vt)	**выбіраць**	[vɨbi'raʦʲ]
scendere (vi)	**спускацца**	[spu'skaʦa]
scherzare (vi)	**жартаваць**	[ʒarta'vaʦʲ]
scrivere (vt)	**пісаць**	[pi'saʦʲ]
scusare (vt)	**прабачаць**	[praba'ʧaʦʲ]
scusarsi (vr)	**прасіць прабачэння**	[pra'siʦʲ praba'ʧɛnnʲa]
sedersi (vr)	**садзіцца**	[sa'ʣiʦa]
seguire (vt)	**накіроўвацца ...**	[naki'rɔwvaʦa ...]
sgridare (vt)	**лаяць**	['laʲaʦʲ]
significare (vt)	**азначаць**	[azna'ʧaʦʲ]
sorridere (vi)	**усміхацца**	[usmi'haʦa]
sottovalutare (vt)	**недаацэньваць**	[nedaa'ʦɛnʲvaʦʲ]
sparare (vi)	**страляць**	[stra'lʲaʦʲ]
sperare (vi, vt)	**спадзявацца**	[spaʣʲa'vaʦa]
spiegare (vt)	**тлумачыць**	[tlu'maʧɨʦʲ]
studiare (vt)	**вывучаць**	[vɨvu'ʧaʦʲ]
stupirsi (vr)	**здзіўляцца**	[zʲʣiw'lʲaʦa]
tacere (vi)	**маўчаць**	[maw'ʧaʦʲ]
tentare (vt)	**спрабаваць**	[spraba'vaʦʲ]
toccare (~ con le mani)	**кранаць**	[kra'naʦʲ]
tradurre (vt)	**перакладаць**	[perakla'daʦʲ]
trovare (vt)	**знаходзіць**	[zna'hɔʣiʦʲ]
uccidere (vt)	**забіваць**	[zabi'vaʦʲ]
udire (percepire suoni)	**чуць**	['ʧuʦʲ]
unire (vt)	**аб'ядноўваць**	[abˀʲad'nɔwvaʦʲ]
uscire (vi)	**выходзіць**	[vɨ'hɔʣiʦʲ]
vantarsi (vr)	**выхваляцца**	[vɨhva'lʲaʦa]
vedere (vt)	**бачыць**	['baʧɨʦʲ]
vendere (vt)	**прадаваць**	[prada'vaʦʲ]
volare (vi)	**ляцець**	[lʲa'ʦeʦʲ]
volere (desiderare)	**хацець**	[ha'ʦeʦʲ]

ORARIO. CALENDARIO

T&P Books Publishing

17. Giorni della settimana

lunedì (m)	**панядзелак** (м)	[panʲa'dzelak]
martedì (m)	**аўторак** (м)	[aw'tɔrak]
mercoledì (m)	**серада** (ж)	[sera'da]
giovedì (m)	**чацвер** (м)	[ʧaʦ'ver]
venerdì (m)	**пятніца** (ж)	['pʲatniʦa]
sabato (m)	**субота** (ж)	[su'bɔta]
domenica (f)	**нядзеля** (ж)	[nʲa'dzelʲa]
oggi (avv)	**сёння**	['sʲonnʲa]
domani	**заўтра**	['zawtra]
dopodomani	**паслязаўтра**	[paslʲa'zawtra]
ieri (avv)	**учора**	[u'ʧɔra]
l'altro ieri	**заўчора**	[zaw'ʧɔra]
giorno (m)	**дзень** (м)	['dzenʲ]
giorno (m) lavorativo	**працоўны дзень** (м)	[pra'ʦɔwnɨ 'dzenʲ]
giorno (m) festivo	**святочны дзень** (м)	[svʲa'tɔʧnɨ 'dzenʲ]
giorno (m) di riposo	**выхадны дзень** (м)	[vɨhad'nɨ 'dzenʲ]
fine (m) settimana	**выхадныя** (м мн)	[vɨhad'nɨʲa]
tutto il giorno	**увесь дзень**	[u'vezʲ 'dzenʲ]
l'indomani	**на наступны дзень**	[na na'stupnɨ 'dzenʲ]
due giorni fa	**два дні таму**	[dva 'dni ta'mu]
il giorno prima	**напярэдадні**	[napʲa'rɛdadni]
quotidiano (agg)	**штодзённы**	[ʃtɔ'dzʲonnɨ]
ogni giorno	**штодня**	[ʃtɔ'dnʲa]
settimana (f)	**тыдзень** (м)	['tɨdzenʲ]
la settimana scorsa	**на мінулым тыдні**	[na mi'nulɨm 'tɨdni]
la settimana prossima	**на наступным тыдні**	[na na'stupnɨm 'tɨdni]
settimanale (agg)	**штотыднёвы**	[ʃtɔtɨd'nʲovɨ]
ogni settimana	**штотыдзень**	[ʃtɔ'tɨdzenʲ]
due volte alla settimana	**два разы на тыдзень**	[dva ra'zɨ na 'tɨdzenʲ]
ogni martedì	**штоаўторак**	[ʃtɔa'wtɔrak]

18. Ore. Giorno e notte

mattina (f)	**ранак** (м)	['ranak]
di mattina	**ранкам**	['rankam]
mezzogiorno (m)	**поўдзень** (м)	['pɔwdzenʲ]
nel pomeriggio	**пасля абеду**	[pa'slʲa a'bedu]
sera (f)	**вечар** (м)	['veʧar]

di sera	**увечар**	[u'vetʃar]
notte (f)	**ноч** (ж)	['nɔtʃ]
di notte	**уначы**	[una'tʃɨ]
mezzanotte (f)	**поўнач** (ж)	['pɔwnatʃ]
secondo (m)	**секунда** (ж)	[se'kunda]
minuto (m)	**хвіліна** (ж)	[hvi'lina]
ora (f)	**гадзіна** (ж)	[ɦa'dzina]
mezzora (f)	**паўгадзіны**	[pawɦa'dzinɨ]
un quarto d'ora	**чвэрць** (ж) **гадзіны**	[tʃvɛrtsʲ ɦa'dzinɨ]
quindici minuti	**пятнаццаць хвілін**	[pʲat'natsatsʲ hvi'lin]
ventiquattro ore	**суткі** (мн)	['sutki]
levata (f) del sole	**узыход** (м) **сонца**	[uzɨ'hɔt 'sɔntsa]
alba (f)	**світанак** (м)	[svi'tanak]
mattutino (m)	**ранічка** (ж)	['ranitʃka]
tramonto (m)	**захад** (м)	['zahat]
di buon mattino	**ранічкаю**	['ranitʃkaʉ]
stamattina	**сёння ранкам**	[sʲonnʲa 'rankam]
domattina	**заўтра ранкам**	['zawtra 'rankam]
oggi pomeriggio	**сёння ўдзень**	[sʲonnʲa u'dzenʲ]
nel pomeriggio	**пасля абеду**	[pa'slʲa a'bedu]
domani pomeriggio	**заўтра пасля абеду**	['zawtra pa'slʲa a'bedu]
stasera	**сёння ўвечары**	[sʲonnʲa u'wetʃarɨ]
domani sera	**заўтра ўвечары**	[zawtra u'wetʃarɨ]
alle tre precise	**роўна а трэцяй гадзіне**	[rɔwna a 'trɛtsʲaj ɦa'dzine]
verso le quattro	**каля чацвёртай гадзіны**	[ka'lʲa tʃats'vʲortaj ɦa'dzinɨ]
per le dodici	**пад дванаццатую гадзіну**	[pad dva'natsatuʉ ɦa'dzinu]
fra venti minuti	**праз дваццаць хвілін**	[praz 'dvatsatsʲ hvi'lin]
fra un'ora	**праз гадзіну**	[praz ɦa'dzinu]
puntualmente	**своечасова**	[svɔetʃa'sɔva]
un quarto di ...	**без чвэрці ...**	['bʲaʃ 'tʃvɛrtsi ...]
entro un'ora	**на працягу гадзіны**	[na pra'tsʲaɦu ɦa'dzinɨ]
ogni quindici minuti	**кожныя пятнаццаць хвілін**	['kɔʒnɨa pʲat'natsatsʲ hvi'lin]
giorno e notte	**круглыя суткі** (мн)	['kruɦlɨa 'sutki]

19. Mesi. Stagioni

gennaio (m)	**студзень** (м)	['studzenʲ]
febbraio (m)	**люты** (м)	['lʉtɨ]
marzo (m)	**сакавік** (м)	[saka'vik]
aprile (m)	**красавік** (м)	[krasa'vik]

maggio (m)	**май** (м)	['maj]
giugno (m)	**чэрвень** (м)	['ʧɛrvenʲ]
luglio (m)	**ліпень** (м)	['lipenʲ]
agosto (m)	**жнівень** (м)	['ʒnivenʲ]
settembre (m)	**верасень** (м)	['verasenʲ]
ottobre (m)	**кастрычнік** (м)	[kas'triʧnik]
novembre (m)	**лістапад** (м)	[lista'pat]
dicembre (m)	**снежань** (м)	['sneʒanʲ]
primavera (f)	**вясна** (ж)	[vʲas'na]
in primavera	**увесну**	[u'vesnu]
primaverile (agg)	**вясновы**	[vʲas'nɔvɨ]
estate (f)	**лета** (н)	['leta]
in estate	**улетку**	[u'letku]
estivo (agg)	**летні**	['letni]
autunno (m)	**восень** (ж)	['vɔsenʲ]
in autunno	**увосень**	[u'vɔsenʲ]
autunnale (agg)	**восеньскі**	['vɔsenʲski]
inverno (m)	**зіма** (ж)	[zi'ma]
in inverno	**узімку**	[u'zimku]
invernale (agg)	**зімовы**	[zi'mɔvɨ]
mese (m)	**месяц** (м)	['mesʲaʦ]
questo mese	**у гэтым месяцы**	[u 'ɦɛtɨm 'mesʲaʦɨ]
il mese prossimo	**у наступным месяцы**	[u nas'tupnɨm 'mesʲaʦɨ]
il mese scorso	**у мінулым месяцы**	[u mi'nulɨm 'mesʲaʦɨ]
un mese fa	**месяц таму**	[mesʲaʦ ta'mu]
fra un mese	**праз месяц**	[praz 'mesʲaʦ]
fra due mesi	**праз два месяцы**	[praz 'dva 'mesʲaʦɨ]
un mese intero	**увесь месяц**	[u'vesʲ 'mesʲaʦ]
per tutto il mese	**цэлы месяц**	[ʦɛlɨ 'mesʲaʦ]
mensile (rivista ~)	**штомесячны**	[ʃtɔ'mesʲaʧnɨ]
mensilmente	**штомесяц**	[ʃtɔ'mesʲaʦ]
ogni mese	**штомесяц**	[ʃtɔ'mesʲaʦ]
due volte al mese	**два разы на месяц**	[dva ra'zɨ na 'mesʲaʦ]
anno (m)	**год** (м)	['ɦɔt]
quest'anno	**сёлета**	['sʲoleta]
l'anno prossimo	**налета**	[na'leta]
l'anno scorso	**летась**	['letasʲ]
un anno fa	**год таму**	[ɦɔt ta'mu]
fra un anno	**праз год**	[praz 'ɦɔt]
fra due anni	**праз два гады**	[praz 'dva ɦa'dɨ]
un anno intero	**увесь год**	[u'vezʲ 'ɦɔt]
per tutto l'anno	**цэлы год**	[ʦɛlɨ 'ɦɔt]

ogni anno	**штогод**	[ʃtɔ'ɦɔt]
annuale (agg)	**штогадовы**	[ʃtɔɦa'dɔvɨ]
annualmente	**штогод**	[ʃtɔ'ɦɔt]
quattro volte all'anno	**чатыры разы на год**	[ʧa'tɨrɨ ra'zɨ na 'ɦɔt]
data (f) (~ di oggi)	**дзень** (м)	['ʣenʲ]
data (f) (~ di nascita)	**дата** (ж)	['data]
calendario (m)	**каляндар** (м)	[kalʲan'dar]
mezz'anno (m)	**паўгода**	[paw'ɦɔda]
semestre (m)	**паўгоддзе** (н)	[paw'ɦɔʣe]
stagione (f) (estate, ecc.)	**сезон** (м)	[se'zɔn]
secolo (m)	**стагоддзе** (н)	[sta'ɦɔʣe]

VIAGGIO. HOTEL

T&P Books Publishing

20. Escursione. Viaggio

turismo (m)	**турызм** (м)	[tu'rɨzm]
turista (m)	**турыст** (м)	[tu'rɨst]
viaggio (m) (all'estero)	**падарожжа** (н)	[pada'rɔʑa]
avventura (f)	**прыгода** (ж)	[prɨ'ɦɔda]
viaggio (m) (corto)	**паездка** (ж)	[pa'estka]
vacanza (f)	**водпуск** (м)	['vɔtpusk]
essere in vacanza	**быць у водпуску**	['bɨtsʲ u 'vɔtpusku]
riposo (m)	**адпачынак** (м)	[atpa'ʧɨnak]
treno (m)	**цягнік** (м)	[tsʲaɦ'nik]
in treno	**цягніком**	[tsʲaɦni'kɔm]
aereo (m)	**самалёт** (м)	[sama'lʲot]
in aereo	**самалётам**	[sama'lʲotam]
in macchina	**на аўтамабілі**	[na awtama'bili]
in nave	**на караблі**	[na karab'li]
bagaglio (m)	**багаж** (м)	[ba'ɦaʃ]
valigia (f)	**чамадан** (м)	[ʧama'dan]
carrello (m)	**каляска** (ж) **для багажу**	[ka'lʲaska dlʲa baɦaʒu]
passaporto (m)	**пашпарт** (м)	['paʃpart]
visto (m)	**віза** (ж)	['viza]
biglietto (m)	**білет** (м)	[bi'let]
biglietto (m) aereo	**авіябілет** (м)	[avijabi'let]
guida (f)	**даведнік** (м)	[da'vednik]
carta (f) geografica	**карта** (ж)	['karta]
località (f)	**мясцовасць** (ж)	[mʲas'tsɔvastsʲ]
luogo (m)	**месца** (н)	['mesʲtsa]
ogetti (m pl) esotici	**экзотыка** (ж)	[ɛg'zɔtɨka]
esotico (agg)	**экзатычны**	[ɛgza'tɨʧnɨ]
sorprendente (agg)	**дзівосны**	[dzi'vɔsnɨ]
gruppo (m)	**група** (ж)	['ɦrupa]
escursione (f)	**экскурсія** (ж)	[ɛks'kursija]
guida (f) (cicerone)	**гід, экскурсавод** (м)	['ɦit], [ɛkskursa'vɔt]

21. Hotel

albergo (m)	**гасцініца** (ж)	[ɦas'tsinitsa]
hotel (m)	**гатэль** (м)	[ɦa'tɛl]

motel (m)	**матэль** (м)	[ma'tɛlʲ]
tre stelle	**тры зоркі**	[trɨ 'zɔrki]
cinque stelle	**пяць зорак**	[pʲatsʲ 'zɔrak]
alloggiare (vi)	**спыніцца**	[spɨ'nitsa]
camera (f)	**нумар** (м)	['numar]
camera (f) singola	**аднамесны нумар** (м)	[adna'mesnɨ 'numar]
camera (f) doppia	**двухмесны нумар** (м)	[dvuh'mesnɨ 'numar]
prenotare una camera	**браніраваць нумар**	[bra'niravatsʲ 'numar]
mezza pensione (f)	**паўпансіён** (м)	[pawpansi'ʲon]
pensione (f) completa	**поўны пансіён** (м)	['pɔwnɨ pansi'ʲon]
con bagno	**з ваннай**	[z 'vannaj]
con doccia	**з душам**	[z 'duʃam]
televisione (f) satellitare	**спадарожнікавае тэлебачанне** (н)	[spada'rɔʒnikavae tɛle'batʃanne]
condizionatore (m)	**кандыцыянер** (м)	[kandɨtsɨʲa'ner]
asciugamano (m)	**ручнік** (м)	[rutʃ'nik]
chiave (f)	**ключ** (м)	['klʉtʃ]
amministratore (m)	**адміністратар** (м)	[admini'stratar]
cameriera (f)	**пакаёўка** (ж)	[paka'ʲowka]
portabagagli (m)	**насільшчык** (м)	[na'silʲʃɕɨk]
portiere (m)	**парцье** (м)	[par'tsʲe]
ristorante (m)	**рэстаран** (м)	[rɛsta'ran]
bar (m)	**бар** (м)	['bar]
colazione (f)	**сняданак** (м)	[snʲa'danak]
cena (f)	**вячэра** (ж)	[vʲa'tʃɛra]
buffet (m)	**шведскі стол** (м)	['ʃvetski 'stɔl]
hall (f) (atrio d'ingresso)	**вестыбюль** (м)	[vestɨ'bʉlʲ]
ascensore (m)	**ліфт** (м)	['lift]
NON DISTURBARE	**НЕ ТУРБАВАЦЬ**	[ne turba'vatsʲ]
VIETATO FUMARE!	**НЕ КУРЫЦЬ!**	[ne ku'rɨtsʲ]

22. Visita turistica

monumento (m)	**помнік** (м)	['pɔmnik]
fortezza (f)	**крэпасць** (ж)	['krɛpastsʲ]
palazzo (m)	**палац** (м)	[pa'lats]
castello (m)	**замак** (м)	['zamak]
torre (f)	**вежа** (ж)	['veʒa]
mausoleo (m)	**маўзалей** (м)	[mawza'lej]
architettura (f)	**архітэктура** (ж)	[arhitɛk'tura]
medievale (agg)	**сярэдневяковы**	[sʲarɛdnevʲa'kɔvɨ]
antico (agg)	**старадаўні**	[stara'dawni]

nazionale (agg)	**нацыянальны**	[naʦiʲa'nalʲnɨ]
famoso (agg)	**вядомы**	[vʲa'dɔmɨ]
turista (m)	**турыст** (м)	[tu'rɨst]
guida (f)	**гід, экскурсавод** (м)	['ɦit], [ɛkskursa'vɔt]
escursione (f)	**экскурсія** (ж)	[ɛks'kursiʲa]
fare vedere	**паказваць**	[pa'kazvaʦʲ]
raccontare (vt)	**апавядаць**	[apavʲa'daʦʲ]
trovare (vt)	**знайсці**	[znajs'ʦi]
perdersi (vr)	**згубіцца**	[zɦu'biʦa]
mappa (f) (~ della metropolitana)	**схема** (ж)	['shema]
piantina (f) (~ della città)	**план** (м)	['plan]
souvenir (m)	**сувенір** (м)	[suve'nir]
negozio (m) di articoli da regalo	**крама** (ж) **сувеніраў**	['krama suwe'niraw]
fare foto	**фатаграфаваць**	[fataɦrafa'vaʦʲ]
fotografarsi	**фатаграфавацца**	[fataɦrafa'vaʦa]

MEZZI DI TRASPORTO

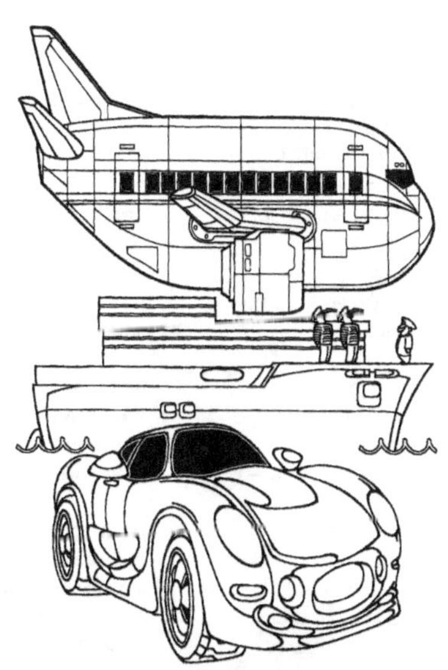

T&P Books Publishing

23. Aeroporto

aeroporto (m)	**аэрапорт** (м)	[aɛra'pɔrt]
aereo (m)	**самалёт** (м)	[sama'lʲot]
compagnia (f) aerea	**авіякампанія** (ж)	[aviʲakam'paniʲa]
controllore (m) di volo	**дыспетчар** (м)	[dɨs'petʧar]
partenza (f)	**вылет** (м)	['vɨlet]
arrivo (m)	**прылёт** (м)	[prɨ'lʲot]
arrivare (vi)	**прыляцець**	[prɨlʲa'ʦeʦʲ]
ora (f) di partenza	**час** (м) **вылету**	[ʧas 'vɨletu]
ora (f) di arrivo	**час** (м) **прылёту**	[ʧas prɨ'lʲotu]
essere ritardato	**затрымлівацца**	[za'trɨmlivaʦsa]
volo (m) ritardato	**затрымка** (ж) **вылету**	[za'trɨmka 'vɨletu]
tabellone (m) orari	**інфармацыйнае табло** (н)	[infarma'ʦɨjnae tab'lɔ]
informazione (f)	**інфармацыя** (ж)	[infar'maʦɨʲa]
annunciare (vt)	**абвяшчаць**	[abvʲa'ʃɕaʦʲ]
volo (m)	**рэйс** (м)	['rɛjs]
dogana (f)	**мытня** (ж)	['mɨtnʲa]
doganiere (m)	**мытнік** (м)	['mɨtnik]
dichiarazione (f)	**дэкларацыя** (ж)	[dɛkla'raʦɨʲa]
riempire (~ una dichiarazione)	**запоўніць**	[za'pɔwniʦʲ]
riempire una dichiarazione	**запоўніць дэкларацыю**	[za'pɔwniʦʲ dɛkla'raʦɨu]
controllo (m) passaporti	**пашпартны кантроль** (м)	['paʃpartnɨ kan'trɔlʲ]
bagaglio (m)	**багаж** (м)	[ba'ɦaʃ]
bagaglio (m) a mano	**ручная паклажа** (ж)	[ruʧ'naʲa pak'laʒa]
carrello (m)	**каляска** (ж) **для багажу**	[ka'lʲaska dlʲa baɦaʒu]
atterraggio (m)	**пасадка** (ж)	[pa'satka]
pista (f) di atterraggio	**пасадачная паласа** (ж)	[pa'sadaʧnaʲa pala'sa]
atterrare (vi)	**садзіцца**	[sa'ʣiʦsa]
scaletta (f) dell'aereo	**трап** (м)	['trap]
check-in (m)	**рэгістрацыя** (ж)	[rɛɦi'straʦɨʲa]
banco (m) del check-in	**стойка** (ж) **рэгістрацыі**	[stɔjka rɛɦist'raʦɨi]
fare il check-in	**зарэгістравацца**	[zarɛɦistra'vaʦsa]
carta (f) d'imbarco	**пасадачны талон** (м)	[pa'sadaʧnɨ ta'lɔn]
porta (f) d'imbarco	**выхад** (м)	['vɨhat]

transito (m)	**транзіт** (м)	[tran'zit]
aspettare (vt)	**чакаць**	[ʧa'kaʦʲ]
sala (f) d'attesa	**зала** (ж) **чакання**	['zala ʧa'kannʲa]
accompagnare (vt)	**праводзіць**	[pra'vɔʣiʦʲ]
congedarsi (vr)	**развітвацца**	[raz'vitvaʦa]

24. Aeroplano

aereo (m)	**самалёт** (м)	[sama'lʲot]
biglietto (m) aereo	**авіябілет** (м)	[aviʲabi'let]
compagnia (f) aerea	**авіякампанія** (ж)	[aviʲakam'paniʲa]
aeroporto (m)	**аэрапорт** (м)	[aɛra'pɔrt]
supersonico (agg)	**звышгукавы**	[zvɨʒɦuka'vɨ]
comandante (m)	**камандзір** (м) **карабля**	[kaman'ʣir karab'lʲa]
equipaggio (m)	**экіпаж** (м)	[ɛki'paʃ]
pilota (m)	**пілот** (м)	[pi'lɔt]
hostess (f)	**сцюардэса** (ж)	[sʲʦʉar'dɛsa]
navigatore (m)	**штурман** (м)	['ʃturman]
ali (f pl)	**крылы** (н мн)	['krɨlɨ]
coda (f)	**хвост** (м)	['hvɔst]
cabina (f)	**кабіна** (ж)	[ka'bina]
motore (m)	**рухавік** (м)	[ruha'vik]
carrello (m) d'atterraggio	**шасі** (н)	[ʃa'si]
turbina (f)	**турбіна** (ж)	[tur'bina]
elica (f)	**прапелер** (м)	[pra'peler]
scatola (f) nera	**чорная скрынка** (ж)	['ʧɔrnaʲa 'skrɨnka]
barra (f) di comando	**штурвал** (м)	[ʃtur'val]
combustibile (m)	**гаручае** (н)	[ɦaru'ʧae]
safety card (f)	**інструкцыя** (ж)	[in'strukʦɨʲa]
maschera (f) ad ossigeno	**кісларodная маска** (ж)	[kisla'rɔdnaʲa 'maska]
uniforme (f)	**уніформа** (ж)	[uni'fɔrma]
giubbotto (m) di salvataggio	**выратавальная камізэлька** (ж)	[vɨrata'valʲnaʲa kami'zɛlʲka]
paracadute (m)	**парашут** (м)	[para'ʃut]
decollo (m)	**узлёт** (м)	[uz'lʲot]
decollare (vi)	**узлятаць**	[uzlʲa'taʦʲ]
pista (f) di decollo	**узлётная паласа** (ж)	[uz'lʲotnaʲa pala'sa]
visibilità (f)	**бачнасць** (ж)	['baʧnasʦʲ]
volo (m)	**палёт** (м)	[pa'lʲot]
altitudine (f)	**вышыня** (ж)	[vɨʃɨ'nʲa]
vuoto (m) d'aria	**паветраная яма** (ж)	[pa'vetranaʲa 'ʲama]
posto (m)	**месца** (н)	['mesʲʦa]
cuffia (f)	**навушнікі** (м мн)	[na'vuʃniki]

tavolinetto (m) pieghevole	**адкідны столік** (м)	[atkid'nɨ 'stɔlik]
oblò (m), finestrino (m)	**ілюмінатар** (м)	[ilʉmi'natar]
corridoio (m)	**праход** (м)	[pra'hɔt]

25. Treno

treno (m)	**цягнік** (м)	[tsʲaɦ'nik]
elettrotreno (m)	**электрацягнік** (м)	[ɛ'lektra tsʲaɦ'nik]
treno (m) rapido	**хуткі цягнік** (м)	[hutki tsʲaɦ'nik]
locomotiva (f) diesel	**цеплавоз** (м)	[tsepla'vɔs]
locomotiva (f) a vapore	**паравоз** (м)	[para'vɔs]
carrozza (f)	**вагон** (м)	[va'ɦɔn]
vagone (m) ristorante	**вагон-рэстаран** (м)	[va'ɦɔn rɛsta'ran]
rotaie (f pl)	**рэйкі** (ж мн)	['rɛjki]
ferrovia (f)	**чыгунка** (ж)	[ʧɨ'ɦunka]
traversa (f)	**шпала** (ж)	['ʃpala]
banchina (f) (~ ferroviaria)	**платформа** (ж)	[plat'fɔrma]
binario (m) (~ 1, 2)	**пуць** (м)	['putsʲ]
semaforo (m)	**семафор** (м)	[sema'fɔr]
stazione (f)	**станцыя** (ж)	['stantsɨʲa]
macchinista (m)	**машыніст** (м)	[maʃɨ'nist]
portabagagli (m)	**насільшчык** (м)	[na'silʲʃɕɨk]
cuccettista (m, f)	**праваднік** (м)	[pravad'nik]
passeggero (m)	**пасажыр** (м)	[pasa'ʒɨr]
controllore (m)	**кантралёр** (м)	[kantra'lʲor]
corridoio (m)	**калідор** (м)	[kali'dɔr]
freno (m) di emergenza	**стоп-кран** (м)	[stɔp'kran]
scompartimento (m)	**купэ** (н)	[ku'pɛ]
cuccetta (f)	**лаўка** (ж)	['lawka]
cuccetta (f) superiore	**лаўка** (ж) **верхняя**	[lawka 'verhnæʲa]
cuccetta (f) inferiore	**лаўка** (ж) **ніжняя**	[lawka 'niʒnæʲa]
biancheria (f) da letto	**пасцельная бялізна** (ж)	[pas'tselʲnaʲa bʲa'lizna]
biglietto (m)	**білет** (м)	[bi'let]
orario (m)	**расклад** (м)	[ras'klat]
tabellone (m) orari	**табло** (н)	[tab'lɔ]
partire (vi)	**адыходзіць**	[adɨ'hɔdzitsʲ]
partenza (f)	**адпраўленне** (н)	[atpraw'lenne]
arrivare (di un treno)	**прыбываць**	[prɨbɨ'vatsʲ]
arrivo (m)	**прыбыццё** (н)	[prɨbɨ'tsʲo]
arrivare con il treno	**прыехаць цягніком**	[prɨ'ehatsʲ tsʲaɦni'kɔm]
salire sul treno	**сесці на цягнік**	['sesʲtsi na tsʲaɦ'nik]

scendere dal treno	**сысці з цягніка**	[sɨs'tsi z tsʲaɦni'ka]
deragliamento (m)	**крушэнне** (н)	[kru'ʃɛnne]
deragliare (vi)	**сысці з рэек**	[sɨs'tsi z 'rɛek]
locomotiva (f) a vapore	**паравоз** (м)	[para'vɔs]
fuochista (m)	**качагар** (м)	[katʃa'ɦar]
forno (m)	**топка** (ж)	['tɔpka]
carbone (m)	**вугаль** (м)	['vuɦalʲ]

26. Nave

nave (f)	**карабель** (м)	[kara'belʲ]
imbarcazione (f)	**судна** (н)	['sudna]
piroscafo (m)	**параход** (м)	[para'hɔt]
barca (f) fluviale	**цеплаход** (м)	[tsepla'hɔt]
transatlantico (m)	**лайнер** (м)	['lajner]
incrociatore (m)	**крэйсер** (м)	['krɛjser]
yacht (m)	**яхта** (ж)	['ʲahta]
rimorchiatore (m)	**буксір** (м)	[buk'sir]
chiatta (f)	**баржа** (ж)	['barʒa]
traghetto (m)	**паром** (м)	[pa'rɔm]
veliero (m)	**парусні́к** (м)	['parusnik]
brigantino (m)	**брыганціна** (ж)	[brɨɦan'tsina]
rompighiaccio (m)	**ледакол** (м)	[leda'kɔl]
sottomarino (m)	**падводная лодка** (ж)	[pad'vɔdnaʲa 'lɔtka]
barca (f)	**лодка** (ж)	['lɔtka]
scialuppa (f)	**шлюпка** (ж)	['ʃlʉpka]
scialuppa (f) di salvataggio	**шлюпка** (ж) **выратавальная**	[ʃlʉpka vɨrata'valʲnaʲa]
motoscafo (m)	**катэр** (м)	['katɛr]
capitano (m)	**капітан** (м)	[kapi'tan]
marittimo (m)	**матрос** (м)	[mat'rɔs]
marinaio (m)	**марак** (м)	[ma'rak]
equipaggio (m)	**экіпаж** (м)	[ɛkɪ'paʃ]
nostromo (m)	**боцман** (м)	['bɔtsman]
mozzo (m) di nave	**юнга** (м)	['ʉnɦa]
cuoco (m)	**кок** (м)	['kɔk]
medico (m) di bordo	**суднавы ўрач** (м)	['sudnavɨ 'wratʃ]
ponte (m)	**палуба** (ж)	['paluba]
albero (m)	**мачта** (ж)	['matʃta]
vela (f)	**парус** (м)	['parus]
stiva (f)	**трум** (м)	['trum]
prua (f)	**нос** (м)	['nɔs]

poppa (f)	**карма** (ж)	[kar'ma]
remo (m)	**вясло** (н)	[vʲas'lɔ]
elica (f)	**вінт** (м)	['vint]
cabina (f)	**каюта** (ж)	[ka'ʉta]
quadrato (m) degli ufficiali	**кают-кампанія** (ж)	[ka'ʉt kam'panʲʲa]
sala (f) macchine	**машыннае аддзяленне** (н)	[ma'ʃɨnnae adʣʲa'lenne]
ponte (m) di comando	**капітанскі мосцік** (м)	[kapi'tanski 'mɔsʲʦik]
cabina (f) radiotelegrafica	**радыёрубка** (ж)	[radɨʲo'rupka]
onda (f)	**хваля** (ж)	['hvalʲa]
giornale (m) di bordo	**суднавы журнал** (м)	['sudnavɨ ʒur'nal]
cannocchiale (m)	**падзорная труба** (ж)	[pa'ʣɔrnaʲa tru'ba]
campana (f)	**звон** (м)	['zvɔn]
bandiera (f)	**сцяг** (м)	['sʦʲaɦ]
cavo (m) (~ d'ormeggio)	**канат** (м)	[ka'nat]
nodo (m)	**вузел** (м)	['vuzel]
ringhiera (f)	**поручань** (м)	['pɔruʧanʲ]
passerella (f)	**трап** (м)	['trap]
ancora (f)	**якар** (м)	['ʲakar]
levare l'ancora	**падняць якар**	[pad'nʲaʦʲ 'ʲakar]
gettare l'ancora	**кінуць якар**	['kinuʦʲ 'ʲakar]
catena (f) dell'ancora	**якарны ланцуг** (м)	[ʲakarnɨ lan'ʦuɦ]
porto (m)	**порт** (м)	['pɔrt]
banchina (f)	**прычал** (м)	[prɨ'ʧal]
ormeggiarsi (vr)	**прычальваць**	[prɨ'ʧalʲvaʦʲ]
salpare (vi)	**адчальваць**	[a'ʧalʲvaʦʲ]
viaggio (m)	**падарожжа** (н)	[pada'rɔʐa]
crociera (f)	**круіз** (м)	[kru'is]
rotta (f)	**курс** (м)	['kurs]
itinerario (m)	**маршрут** (м)	[marʃ'rut]
tratto (m) navigabile	**фарватэр** (м)	[far'vatɛr]
secca (f)	**мель** (ж)	['melʲ]
arenarsi (vr)	**сесці на мель**	[sesʲʦi na 'melʲ]
tempesta (f)	**бура** (ж)	['bura]
segnale (m)	**сігнал** (м)	[siɦ'nal]
affondare (andare a fondo)	**тануць**	[ta'nuʦʲ]
Uomo in mare!	**Чалавек за бортам!**	[ʧala'vek za 'bortam!]
SOS	**SOS**	['sɔs]
salvagente (m) anulare	**выратавальны круг** (м)	[vɨrata'valʲnɨ kruɦ]

CITTÀ

T&P Books Publishing

27. Mezzi pubblici in città

autobus (m)	**аўтобус** (м)	[aw'tɔbus]
tram (m)	**трамвай** (м)	[tram'vaj]
filobus (m)	**тралейбус** (м)	[tra'lejbus]
itinerario (m)	**маршрут** (м)	[marʃ'rut]
numero (m)	**нумар** (м)	['numar]
andare in …	**ехаць на …**	['ehatsʲ na …]
salire (~ sull'autobus)	**сесці**	['sesʲtsi]
scendere da …	**сысці з …**	[sɨs'tsi z …]
fermata (f) (~ dell'autobus)	**прыпынак** (м)	[prɨ'pɨnak]
prossima fermata (f)	**наступны прыпынак** (м)	[na'stupnɨ prɨ'pɨnak]
capolinea (m)	**канцавы прыпынак** (м)	[kantsa'vɨ prɨ'pɨnak]
orario (m)	**расклад** (м)	[ras'klat]
aspettare (vt)	**чакаць**	[ʧa'katsʲ]
biglietto (m)	**білет** (м)	[bi'let]
prezzo (m) del biglietto	**кошт** (м) **білета**	[kɔʒd bi'leta]
cassiere (m)	**касір** (м)	[ka'sir]
controllo (m) dei biglietti	**кантроль** (м)	[kan'trɔlʲ]
bigliettaio (m)	**кантралёр** (м)	[kantra'lʲor]
essere in ritardo	**спазняцца**	[spazʲ'nʲatsa]
perdere (~ il treno)	**спазніцца**	[spazʲ'nitsa]
avere fretta	**спяшацца**	[spʲa'ʃatsa]
taxi (m)	**таксі** (н)	[tak'si]
taxista (m)	**таксіст** (м)	[tak'sist]
in taxi	**на таксі**	[na tak'si]
parcheggio (m) di taxi	**стаянка** (ж) **таксі**	[sta'ʲanka tak'si]
chiamare un taxi	**выклікаць таксі**	[vɨklikatsʲ tak'si]
prendere un taxi	**узяць таксі**	[u'zʲatsʲ tak'si]
traffico (m)	**вулічны рух** (м)	['vuliʧnɨ 'ruh]
ingorgo (m)	**затор** (м)	[za'tɔr]
ore (f pl) di punta	**час** (м) **пік**	['ʧas 'pik]
parcheggiarsi (vr)	**паркавацца**	[parka'vatsa]
parcheggiare (vt)	**паркаваць**	[parka'vatsʲ]
parcheggio (m)	**стаянка** (ж)	[sta'ʲanka]
metropolitana (f)	**метро** (н)	[me'trɔ]
stazione (f)	**станцыя** (ж)	['stantsɨʲa]
prendere la metropolitana	**ехаць на метро**	['ehatsʲ na me'trɔ]

treno (m)	**цягнік** (м)	[ʦʲaɦ'nik]
stazione (f) ferroviaria	**вакзал** (м)	[vaɦ'zal]

28. Città. Vita di città

città (f)	**горад** (м)	['ɦɔrat]
capitale (f)	**сталіца** (ж)	[sta'liʦa]
villaggio (m)	**вёска** (ж)	['vʲoska]
mappa (f) della città	**план** (м) **горада**	['plan 'ɦɔrada]
centro (m) della città	**цэнтр** (м) **горада**	['ʦɛntr 'ɦɔrada]
sobborgo (m)	**прыгарад** (м)	['priɦarat]
suburbano (agg)	**прыгарадны**	['priɦaradni]
periferia (f)	**ускраіна** (ж)	[us'kraina]
dintorni (m pl)	**наваколле** (н)	[nava'kɔlle]
isolato (m)	**квартал** (м)	[kvar'tal]
quartiere residenziale	**жылы квартал** (м)	[ʒɨ'lɨ kvar'tal]
traffico (m)	**вулічны рух** (м)	['vuliʧnɨ 'ruh]
semaforo (m)	**святлафор** (м)	[svʲatla'fɔr]
trasporti (m pl) urbani	**гарадскі транспарт** (м)	[ɦara'ʦki 'transpart]
incrocio (m)	**скрыжаванне** (н)	[skrɨʒa'vanne]
passaggio (m) pedonale	**пешаходны пераход** (м)	[peʃa'hɔdnɨ pera'hɔt]
sottopassaggio (m)	**падземны пераход** (м)	[pa'ʣemnɨ pera'hɔt]
attraversare (vt)	**пераходзіць**	[pera'hɔʣiʦʲ]
pedone (m)	**пешаход** (м)	[peʃa'hɔt]
marciapiede (m)	**ходнік** (м)	['hɔdnik]
ponte (m)	**мост** (м)	['mɔst]
banchina (f)	**набярэжная** (ж)	[nabʲa'rɛʒnaʲa]
fontana (f)	**фантан** (м)	[fan'tan]
vialetto (m)	**алея** (ж)	[a'leʲa]
parco (m)	**парк** (м)	['park]
boulevard (m)	**бульвар** (м)	[bulʲ'var]
piazza (f)	**плошча** (ж)	['plɔʃʨa]
viale (m), corso (m)	**праспект** (м)	[pras'pekt]
via (f), strada (f)	**вуліца** (ж)	['vuliʦa]
vicolo (m)	**завулак** (м)	[za'vulak]
vicolo (m) cieco	**тупік** (м)	[tu'pik]
casa (f)	**дом** (м)	['dɔm]
edificio (m)	**будынак** (м)	[bu'dɨnak]
grattacielo (m)	**хмарачос** (м)	[hmara'ʧɔs]
facciata (f)	**фасад** (м)	[fa'sat]
tetto (m)	**дах** (м)	['dah]
finestra (f)	**акно** (н)	[ak'nɔ]

arco (m)	**арка** (ж)	['arka]
colonna (f)	**калона** (ж)	[ka'lɔna]
angolo (m)	**рог** (м)	['rɔɦ]
vetrina (f)	**вітрына** (ж)	[vit'rɨna]
insegna (f) (di negozi, ecc.)	**шыльда** (ж)	['ʃɨlʲda]
cartellone (m)	**афіша** (ж)	[a'fiʃa]
cartellone (m) pubblicitario	**рэкламны плакат** (м)	[rɛk'lamnɨ pla'kat]
tabellone (m) pubblicitario	**рэкламны шчыт** (м)	[rɛk'lamnɨ 'ʃɕɨt]
pattume (m), spazzatura (f)	**смецце** (н)	['smeʦe]
pattumiera (f)	**урна** (ж)	['urna]
sporcare (vi)	**насмечваць**	[nas'meʧvaʦʲ]
discarica (f) di rifiuti	**сметнік** (м)	['smetnik]
cabina (f) telefonica	**тэлефонная будка** (ж)	[tɛle'fɔnnaʲa 'butka]
lampione (m)	**ліхтарны слуп** (м)	[lih'tarnɨ 'slup]
panchina (f)	**лаўка** (ж)	['lawka]
poliziotto (m)	**паліцэйскі** (м)	[pali'ʦɛjski]
polizia (f)	**паліцыя** (ж)	[pa'liʦɨʲa]
mendicante (m)	**жабрак** (м)	[ʒab'rak]
barbone (m)	**беспрытульны** (м)	[bespri'tulʲnɨ]

29. Servizi cittadini

negozio (m)	**крама** (ж)	['krama]
farmacia (f)	**аптэка** (ж)	[ap'tɛka]
ottica (f)	**оптыка** (ж)	['ɔptɨka]
centro (m) commerciale	**гандлёвы цэнтр** (м)	[ɦand'lʲovɨ 'ʦɛntr]
supermercato (m)	**супермаркет** (м)	[super'market]
panetteria (f)	**булачная** (ж)	['bulaʧnaʲa]
fornaio (m)	**пекар** (м)	['pekar]
pasticceria (f)	**кандытарская** (ж)	[kan'dɨtarskaʲa]
drogheria (f)	**бакалея** (ж)	[baka'leʲa]
macelleria (f)	**мясная крама** (ж)	[mʲas'naʲa 'krama]
fruttivendolo (m)	**крама** (ж) **гародніны**	['krama ɦa'rɔdninɨ]
mercato (m)	**рынак** (м)	['rɨnak]
caffè (m)	**кавярня** (ж)	[ka'vʲarnʲa]
ristorante (m)	**рэстаран** (м)	[rɛsta'ran]
birreria (f), pub (m)	**піўная** (ж)	[piw'naʲa]
pizzeria (f)	**піцэрыя** (ж)	[pi'ʦɛrɨʲa]
salone (m) di parrucchiere	**цырульня** (ж)	[ʦɨ'rulʲnʲa]
ufficio (m) postale	**пошта** (ж)	['pɔʃta]
lavanderia (f) a secco	**хімчыстка** (ж)	[him'ʧɨstka]
studio (m) fotografico	**фотаатэлье** (н)	[fɔtaatɛ'lʲe]

negozio (m) di scarpe	**абутковая крама** (ж)	[abut'kɔvaʲa 'krama]
libreria (f)	**кнігарня** (ж)	[kni'ɦarnʲa]
negozio (m) sportivo	**спартыўная крама** (ж)	[spar'tɨwnaʲa 'krama]
riparazione (f) di abiti	**рамонт** (м) **адзення**	[ra'mɔnt a'dzennʲa]
noleggio (m) di abiti	**пракат** (м) **адзення**	[pra'kat a'dzennʲa]
noleggio (m) di film	**пракат** (м) **фільмаў**	[pra'kat 'filʲmaw]
circo (m)	**цырк** (м)	['tsɨrk]
zoo (m)	**заапарк** (м)	[zaa'park]
cinema (m)	**кінатэатр** (м)	[kinatɛ'atr]
museo (m)	**музей** (м)	[mu'zej]
biblioteca (f)	**бібліятэка** (ж)	[bibliʲa'tɛka]
teatro (m)	**тэатр** (м)	[tɛ'atr]
teatro (m) dell'opera	**опера** (ж)	['ɔpera]
locale notturno (m)	**начны клуб** (м)	[natʃ'nɨ 'klup]
casinò (m)	**казіно** (н)	[kazi'nɔ]
moschea (f)	**мячэць** (ж)	[mʲa'tʃɛtsʲ]
sinagoga (f)	**сінагога** (ж)	[sina'ɦɔɦa]
cattedrale (f)	**сабор** (м)	[sa'bɔr]
tempio (m)	**храм** (м)	['hram]
chiesa (f)	**царква** (ж)	[tsark'va]
istituto (m)	**інстытут** (м)	[instɨ'tut]
università (f)	**універсітэт** (м)	[universi'tɛt]
scuola (f)	**школа** (ж)	['ʃkɔla]
prefettura (f)	**прэфектура** (ж)	[prɛfek'tura]
municipio (m)	**мэрыя** (ж)	['mɛrɨʲa]
albergo, hotel (m)	**гасцініца** (ж)	[ɦas'tsinitsa]
banca (f)	**банк** (м)	['bank]
ambasciata (f)	**пасольства** (н)	[pa'sɔlʲstva]
agenzia (f) di viaggi	**турагенцтва** (н)	[tura'ɦentstva]
ufficio (m) informazioni	**бюро** (н) **даведак**	[bʉ'rɔ da'vedak]
ufficio (m) dei cambi	**абменны пункт** (м)	[ab'mennɨ 'punkt]
metropolitana (f)	**метро** (н)	[me'trɔ]
ospedale (m)	**бальніца** (ж)	[balʲ'nitsa]
distributore (m) di benzina	**бензазапраўка** (ж)	['benza za'prawka]
parcheggio (m)	**аўтастаянка** (ж)	[awtasta'ʲanka]

30. Cartelli

insegna (f) (di negozi, ecc.)	**шыльда** (ж)	['ʃɨlʲda]
iscrizione (f)	**надпіс** (м)	['natpis]
cartellone (m)	**плакат** (м)	[pla'kat]

segnale (m) di direzione	**паказальнік** (м)	[paka'zalʲnik]
freccia (f)	**стрэлка** (ж)	['strɛlka]
avvertimento (m)	**перасцярога** (ж)	[perasʦʲa'rɔɦa]
avviso (m)	**папярэджанне** (н)	[papʲa'rɛʤanne]
avvertire, avvisare (vt)	**папярэджваць**	[papʲa'rɛʤvaʦʲ]
giorno (m) di riposo	**выхадны дзень** (м)	[vɨhad'nɨ 'ʣenʲ]
orario (m)	**расклад** (м)	[ras'klat]
orario (m) di apertura	**гадзіны** (ж мн) **працы**	[ɦa'ʣinɨ 'praʦɨ]
BENVENUTI!	**САРДЭЧНА ЗАПРАШАЕМ!**	[sar'dɛʧna zapra'ʃaem]
ENTRATA	**УВАХОД**	[uva'hɔt]
USCITA	**ВЫХАД**	['vɨhat]
SPINGERE	**АД СЯБЕ**	[at sʲa'bɔ]
TIRARE	**НА СЯБЕ**	[na sʲa'be]
APERTO	**АДЧЫНЕНА**	[a'ʧɨnena]
CHIUSO	**ЗАЧЫНЕНА**	[za'ʧɨnena]
DONNE	**ДЛЯ ЖАНЧЫН**	[dlʲa ʒan'ʧɨn]
UOMINI	**ДЛЯ МУЖЧЫН**	[dlʲa mu'ʃɕɨn]
SCONTI	**СКІДКІ**	['skitki]
SALDI	**РАСПРОДАЖ**	[ras'prɔdaʃ]
NOVITÀ!	**НАВІНКА!**	[na'vinka]
GRATIS	**БЯСПЛАТНА**	[bʲas'platna]
ATTENZIONE!	**УВАГА!**	[u'vaɦa]
COMPLETO	**МЕСЦАЎ НЯМА**	['mesʲʦaw nʲa'ma]
RISERVATO	**ЗАРЭЗЕРВАВАНА**	[zarɛzerva'vana]
AMMINISTRAZIONE	**АДМІНІСТРАЦЫЯ**	[admini'straʦɨʲa]
RISERVATO AL PERSONALE	**ТОЛЬКІ ДЛЯ ПЕРСАНАЛУ**	['tɔlʲki dlʲa persa'nalu]
ATTENTI AL CANE	**ЗЛЫ САБАКА**	['zlɨ sa'baka]
VIETATO FUMARE!	**НЕ КУРЫЦЬ!**	[ne ku'rɨʦʲ]
NON TOCCARE	**РУКАМІ НЕ КРАНАЦЬ!**	[ru'kami ne kra'naʦʲ]
PERICOLOSO	**НЕБЯСПЕЧНА**	[nebʲa'speʧna]
PERICOLO	**НЕБЯСПЕКА**	[nebʲa'speka]
ALTA TENSIONE	**ВЫСОКАЕ НАПРУЖАННЕ**	[vɨ'sɔkae na'pruʒanne]
DIVIETO DI BALNEAZIONE	**КУПАЦЦА ЗАБАРОНЕНА**	[ku'paʦsa zaba'rɔnena]
GUASTO	**НЕ ПРАЦУЕ**	[ne pra'ʦue]
INFIAMMABILE	**ВОГНЕНЕБЯСПЕЧНА**	[vɔɦnenebʲas'peʧna]
VIETATO	**ЗАБАРОНЕНА**	[zaba'rɔnena]
VIETATO L'INGRESSO	**ПРАХОД ЗАБАРОНЕНЫ**	[pra'hɔd zaba'rɔnenɨ]
VERNICE FRESCA	**ПАФАРБАВАНА**	[pafarba'vana]

31. Acquisti

comprare (vt)	**купляць**	[kup'lʲatsʲ]
acquisto (m)	**пакупка** (ж)	[pa'kupka]
fare acquisti	**рабіць закупы**	[ra'bitsʲ 'zakupɨ]
shopping (m)	**шопінг** (м)	['ʃɔpinɦ]
essere aperto (negozio)	**працаваць**	[pratsa'vatsʲ]
essere chiuso	**зачыніцца**	[zatʃɨ'nitsa]
calzature (f pl)	**абутак** (м)	[a'butak]
abbigliamento (m)	**адзенне** (н)	[a'dzenne]
cosmetica (f)	**касметыка** (ж)	[kas'metɨka]
alimentari (m pl)	**прадукты** (м мн)	[pra'duktɨ]
regalo (m)	**падарунак** (м)	[pada'runak]
commesso (m)	**прадавец** (м)	[prada'vets]
commessa (f)	**прадаўшчыца** (ж)	[pradaw'ʃɕɨtsa]
cassa (f)	**каса** (ж)	['kasa]
specchio (m)	**люстэрка** (н)	[lʉs'tɛrka]
banco (m)	**прылавак** (м)	[prɨ'lavak]
camerino (m)	**прымерачная** (ж)	[prɨ'meratʃnaʲa]
provare (~ un vestito)	**прымераць**	[prɨ'meratsʲ]
stare bene (vestito)	**пасаваць**	[pasa'vatsʲ]
piacere (vi)	**падабацца**	[pada'batsa]
prezzo (m)	**цана** (ж)	[tsa'na]
etichetta (f) del prezzo	**цэннік** (м)	['tsɛnnik]
costare (vt)	**каштаваць**	[kaʃta'vatsʲ]
Quanto?	**Колькі?**	['kɔlʲki]
sconto (m)	**скідка** (ж)	['skitka]
no muy caro (agg)	**недарагі**	[nedara'ɦi]
a buon mercato	**танны**	['tannɨ]
caro (agg)	**дарагі**	[dara'ɦi]
È caro	**Гэта дорага.**	['ɦɛta 'dɔraɦa]
noleggio (m)	**пракат** (м)	[pra'kat]
noleggiare (~ un abito)	**узяць напракат**	[u'zʲatsʲ napra'kat]
credito (m)	**крэдыт** (м)	[krɛ'dɨt]
a credito	**у крэдыт**	[u krɛ'dɨt]

ABBIGLIAMENTO E ACCESSORI

T&P Books Publishing

32. Indumenti. Soprabiti

vestiti (m pl)	**адзенне** (н)	[a'ʣenne]
soprabito (m)	**вопратка** (ж)	['vɔpratka]
abiti (m pl) invernali	**зімовая вопратка** (ж)	[zi'mɔvaʲa 'vɔpratka]
cappotto (m)	**паліто** (н)	[pali'tɔ]
pelliccia (f)	**футра** (н)	['futra]
pellicciotto (m)	**паўкажушак** (м)	[pawka'ʒwʃak]
piumino (m)	**пухавік** (м)	[puha'vik]
giubbotto (m), giaccha (f)	**куртка** (ж)	['kurtka]
impermeabile (m)	**плашч** (м)	['plaʃɕ]
impermeabile (agg)	**непрамакальны**	[neprama'kalʲnɨ]

33. Abbigliamento uomo e donna

camicia (f)	**кашуля** (ж)	[ka'ʃulʲa]
pantaloni (m pl)	**штаны** (мн)	[ʃta'nɨ]
jeans (m pl)	**джынсы** (мн)	['ʤɨnsɨ]
giacca (f) (~ di tweed)	**пінжак** (м)	[pin'ʒak]
abito (m) da uomo	**касцюм** (м)	[kas'ʦʉm]
abito (m)	**сукенка** (ж)	[su'kenka]
gonna (f)	**спадніца** (ж)	[spad'niʦa]
camicetta (f)	**блузка** (ж)	['bluska]
giacca (f) a maglia	**кофта** (ж)	['kɔfta]
giacca (f) tailleur	**жакет** (м)	[ʒa'ket]
maglietta (f)	**футболка** (ж)	[fud'bɔlka]
pantaloni (m pl) corti	**шорты** (мн)	['ʃɔrtɨ]
tuta (f) sportiva	**спартыўны касцюм** (м)	[spar'tɨwnɨ kas'ʦʉm]
accappatoio (m)	**халат** (м)	[ha'lat]
pigiama (m)	**піжама** (ж)	[pi'ʒama]
maglione (m)	**світэр** (м)	['svitɛr]
pullover (m)	**пуловер** (м)	[pu'lɔver]
gilè (m)	**камізэлька** (ж)	[kami'zɛlʲka]
frac (m)	**фрак** (м)	['frak]
smoking (m)	**смокінг** (м)	['smɔkinɦ]
uniforme (f)	**форма** (ж)	['fɔrma]
tuta (f) da lavoro	**працоўнае адзенне** (н)	[pra'ʦɔwnae a'ʣenne]

salopette (f)	**камбінезон** (м)	[kambine'zɔn]
camice (m) (~ del dottore)	**халат** (м)	[ha'lat]

34. Abbigliamento. Biancheria intima

biancheria (f) intima	**бялізна** (ж)	[bʲa'lizna]
boxer (m pl)	**трусы** (мн)	[tru'sɨ]
mutandina (f)	**трусікі** (мн)	['trusiki]
maglietta (f) intima	**майка** (ж)	['majka]
calzini (m pl)	**шкарпэткі** (ж мн)	[ʃkar'pɛtki]
camicia (f) da notte	**начная кашуля** (ж)	[natʃ'naʲa ka'ʃulʲa]
reggiseno (m)	**бюстгальтар** (м)	[bʉz'ɦalʲtar]
calzini (m pl) alti	**гольфы** (мн)	['ɦɔlʲfɨ]
collant (m)	**калготкі** (мн)	[kal'ɦɔtki]
calze (f pl)	**панчохі** (ж мн)	[pan'tʃɔhi]
costume (m) da bagno	**купальнік** (м)	[ku'palʲnik]

35. Copricapo

cappello (m)	**шапка** (ж)	['ʃapka]
cappello (m) di feltro	**капялюш** (м)	[kapʲa'lʉʃ]
cappello (m) da baseball	**бейсболка** (ж)	[bejz'bɔlka]
coppola (f)	**кепка** (ж)	['kepka]
basco (m)	**берэт** (м)	[bʲa'rɛt]
cappuccio (m)	**капюшон** (м)	[kapʉ'ʃɔn]
panama (m)	**панамка** (ж)	[pa'namka]
berretto (m) a maglia	**вязаная шапачка** (ж)	[vʲazanaʲa 'ʃapatʃka]
fazzoletto (m) da capo	**хустка** (ж)	['hustka]
cappellino (m) donna	**капялюшык** (м)	[kapʲa'lʉʃɨk]
casco (m) (~ di sicurezza)	**каска** (ж)	['kaska]
bustina (f)	**пілотка** (ж)	[pi'lɔtka]
casco (m) (~ moto)	**шлем** (м)	['ʃlem]
bombetta (f)	**кацялок** (м)	[katsʲa'lɔk]
cilindro (m)	**цыліндр** (м)	[tsɨ'lindr]

36. Calzature

calzature (f pl)	**абутак** (м)	[a'butak]
stivaletti (m pl)	**чаравікі** (м мн)	[tʃara'viki]
scarpe (f pl)	**туфлі** (м мн)	['tufli]
stivali (m pl)	**боты** (м мн)	['bɔtɨ]

pantofole (f pl)	**тапачкі** (ж мн)	['tapatʃki]
scarpe (f pl) da tennis	**красоўкі** (ж мн)	[kra'sɔwki]
scarpe (f pl) da ginnastica	**кеды** (м мн)	['kedɨ]
sandali (m pl)	**сандалі** (ж мн)	[san'dali]
calzolaio (m)	**шавец** (м)	[ʃa'vets]
tacco (m)	**абцас** (м)	[ap'tsas]
paio (m)	**пара** (ж)	['para]
laccio (m)	**шнурок** (м)	[ʃnu'rɔk]
allacciare (vt)	**шнураваць**	[ʃnura'vatsʲ]
calzascarpe (m)	**ражок** (м)	[ra'ʒɔk]
lucido (m) per le scarpe	**крэм** (м) **для абутку**	['krɛm dlʲa a'butku]

37. Accessori personali

guanti (m pl)	**пальчаткі** (ж мн)	[palʲ'tʃatki]
manopole (f pl)	**рукавіцы** (ж мн)	[ruka'vitsɨ]
sciarpa (f)	**шалік** (м)	['ʃalik]
occhiali (m pl)	**акуляры** (мн)	[aku'lʲarɨ]
montatura (f)	**аправа** (ж)	[a'prava]
ombrello (m)	**парасон** (м)	[para'sɔn]
bastone (m)	**палка** (ж)	['palka]
spazzola (f) per capelli	**шчотка** (ж) **для валасоў**	['ʃɕɔtka dlʲa vala'sɔw]
ventaglio (m)	**веер** (м)	['veer]
cravatta (f)	**гальштук** (м)	['ɦalʲʃtuk]
cravatta (f) a farfalla	**гальштук-мушка** (ж)	['ɦalʲʃtuk 'muʃka]
bretelle (f pl)	**шлейкі** (мн)	['ʃlejki]
fazzoletto (m)	**насоўка** (ж)	[na'sɔwka]
pettine (m)	**грабянец** (м)	[ɦrabʲa'nets]
fermaglio (m)	**заколка** (ж)	[za'kɔlka]
forcina (f)	**шпілька** (ж)	['ʃpilʲka]
fibbia (f)	**спражка** (ж)	['spraʃka]
cintura (f)	**пояс** (м)	['pɔʲas]
spallina (f)	**рэмень** (м)	['rɛmenʲ]
borsa (f)	**сумка** (ж)	['sumka]
borsetta (f)	**сумачка** (ж)	['sumatʃka]
zaino (m)	**рукзак** (м)	[rug'zak]

38. Abbigliamento. Varie

moda (f)	**мода** (ж)	['mɔda]
di moda	**модны**	['mɔdnɨ]

stilista (m)	**мадэльер** (м)	[madɛ'lʲer]
collo (m)	**каўнер** (м)	[kaw'ner]
tasca (f)	**кішэня** (ж)	[ki'ʃɛnʲa]
tascabile (agg)	**кішэнны**	[ki'ʃɛnnɨ]
manica (f)	**рукаў** (м)	[ru'kaw]
asola (f) per appendere	**вешалка** (ж)	['veʃalka]
patta (f) (~ dei pantaloni)	**прарэх** (м)	[pra'rɛh]
cerniera (f) lampo	**маланка** (ж)	[ma'lanka]
chiusura (f)	**зашпілька** (ж)	[za'ʃpilʲka]
bottone (m)	**гузік** (м)	['ɦuzik]
occhiello (m)	**прарэшак** (м)	[pra'rɛʃak]
staccarsi (un bottone)	**адарвацца**	[adar'vatsa]
cucire (vi, vt)	**шыць**	['ʃɨtsʲ]
ricamare (vi, vt)	**вышываць**	[vɨʃɨ'vatsʲ]
ricamo (m)	**вышыўка** (ж)	['vɨʃɨwka]
ago (m)	**іголка** (ж)	[i'ɦɔlka]
filo (m)	**нітка** (ж)	['nitka]
cucitura (f)	**шво** (н)	['ʃvɔ]
sporcarsi (vr)	**запэцкацца**	[za'pɛtskatsa]
macchia (f)	**пляма** (ж)	['plʲama]
sgualcirsi (vr)	**памяцца**	[pa'mʲatsa]
strappare (vt)	**падраць**	[pad'ratsʲ]
tarma (f)	**моль** (ж)	['mɔlʲ]

39. Cura della persona. Cosmetici

dentifricio (m)	**зубная паста** (ж)	[zub'naʲa 'pasta]
spazzolino (m) da denti	**зубная шчотка** (ж)	[zub'naʲa 'ʃɕɔtka]
lavarsi i denti	**чысціць зубы**	[ʧɨsʲtsitsʲ zu'bɨ]
rasoio (m)	**брытва** (ж)	['brɨtva]
crema (f) da barba	**крэм** (м) **для галення**	['krɛm dlʲa ɦa'lɛnnʲa]
rasarsi (vr)	**галіцца**	[ɦa'litsa]
sapone (m)	**мыла** (н)	['mɨla]
shampoo (m)	**шампунь** (м)	[ʃam'punʲ]
forbici (f pl)	**нажніцы** (мн)	[naʒ'nitsɨ]
limetta (f)	**пілачка** (ж) **для пазногцяў**	['pilaʧka dlʲa paz'nɔɦtsʲaw]
tagliaunghie (m)	**шчыпчыкі** (мн)	['ʃɕɨpʧɨki]
pinzette (f pl)	**пінцэт** (м)	[pin'tsɛt]
cosmetica (f)	**касметыка** (ж)	[kas'metɨka]
maschera (f) di bellezza	**маска** (ж)	['maska]
manicure (m)	**манікюр** (м)	[mani'kʉr]
fare la manicure	**рабіць манікюр**	[ra'bitsʲ mani'kʉr]

pedicure (m)	**педыкюр** (м)	[pedɨ'kʉr]
borsa (f) del trucco	**касметычка** (ж)	[kasme'tɨʧka]
cipria (f)	**пудра** (ж)	['pudra]
portacipria (m)	**пудраніца** (ж)	['pudranitsa]
fard (m)	**румяны** (мн)	[ru'mʲanɨ]
profumo (m)	**парфума** (ж)	[par'fuma]
acqua (f) da toeletta	**туалетная вада** (ж)	[tua'letnaʲa va'da]
lozione (f)	**ласьён** (м)	[la'sjɔn]
acqua (f) di Colonia	**адэкалон** (м)	[adɛka'lɔn]
ombretto (m)	**цені** (м мн) **для павек**	['tseni dlʲa pa'vek]
eyeliner (m)	**аловак** (м) **для вачэй**	[a'lɔvaɦ dlʲa va'ʧɛj]
mascara (m)	**туш** (ж)	['tuʃ]
rossetto (m)	**губная памада** (ж)	[ɦub'naʲa pa'mada]
smalto (m)	**лак** (м) **для пазногцяў**	['laɦ dlʲa paz'nɔɦtsʲaw]
lacca (f) per capelli	**лак** (м) **для валасоў**	['laɦ dlʲa vala'sɔw]
deodorante (m)	**дэзадарант** (м)	[dɛzada'rant]
crema (f)	**крэм** (м)	['krɛm]
crema (f) per il viso	**крэм** (м) **для твару**	['krɛm dlʲa 'tvaru]
crema (f) per le mani	**крэм** (м) **для рук**	['krɛm dlʲa 'ruk]
crema (f) antirughe	**крэм** (м) **супраць зморшчын**	['krɛm 'supratsʲ 'zmɔrʃɕɨn]
crema (f) da giorno	**дзённы крэм** (м)	['dzʲonnɨ 'krɛm]
crema (f) da notte	**начны крэм** (м)	[natʃ'nɨ 'krɛm]
da giorno	**дзённы**	['dzʲonnɨ]
da notte	**начны**	[natʃ'nɨ]
tampone (m)	**тампон** (м)	[tam'pɔn]
carta (f) igienica	**туалетная папера** (ж)	[tua'letnaʲa pa'pera]
fon (m)	**фен** (м)	['fen]

40. Orologi da polso. Orologio

orologio (m) (~ da polso)	**гадзіннік** (м)	[ɦa'dzinnik]
quadrante (m)	**цыферблат** (м)	[tsɨfer'blat]
lancetta (f)	**стрэлка** (ж)	['strɛlka]
braccialetto (m)	**бранзалет** (м)	[branza'let]
cinturino (m)	**раменьчык** (м)	[ra'menʲʧɨk]
pila (f)	**батарэйка** (ж)	[bata'rɛjka]
essere scarico	**сесці**	['sesʲtsi]
cambiare la pila	**памяняць батарэйку**	[pamʲa'nʲatsʲ bata'rɛjku]
andare avanti	**спяшацца**	[spʲa'ʃatsa]
andare indietro	**адставаць**	[atsta'vatsʲ]
orologio (m) da muro	**гадзіннік** (м) **насценны**	[ɦa'dzinnik nas'tsennɨ]
clessidra (f)	**гадзіннік** (м) **пясочны**	[ɦa'dzinnik pʲa'sɔʧnɨ]

orologio (m) solare	**гадзіннік** (м) **сонечны**	[ɦa'ʤzinnik 'sɔnetʃnɨ]
sveglia (f)	**будзільнік** (м)	[bu'ʤzilʲnik]
orologiaio (m)	**гадзіншчык** (м)	[ɦa'ʤzinʃɕɨk]
riparare (vt)	**рамантаваць**	[ramanta'vaʦʲ]

L'ESPERIENZA QUOTIDIANA

T&P Books Publishing

41. Denaro

soldi (m pl)	**грошы** (мн)	['ɦrɔʃɨ]
cambio (m)	**абмен** (м)	[ab'men]
corso (m) di cambio	**курс** (м)	['kurs]
bancomat (m)	**банкамат** (м)	[banka'mat]
moneta (f)	**манета** (ж)	[ma'neta]
dollaro (m)	**долар** (м)	['dɔlar]
euro (m)	**еўра** (м)	['ewra]
lira (f)	**ліра** (ж)	['lira]
marco (m)	**марка** (ж)	['marka]
franco (m)	**франк** (м)	['frank]
sterlina (f)	**фунт** (м) **стэрлінгаў**	['funt 'stɛrlinɦaw]
yen (m)	**іена** (ж)	[i'ena]
debito (m)	**доўг** (м)	['dɔwɦ]
debitore (m)	**даўжнік** (м)	[dawʒ'nik]
prestare (~ i soldi)	**даць у доўг**	['datsʲ u 'dɔwɦ]
prendere in prestito	**узяць у доўг**	[u'zʲatsʲ u 'dɔwɦ]
banca (f)	**банк** (м)	['bank]
conto (m)	**рахунак** (м)	[ra'hunak]
versare (vt)	**пакласці**	[pa'klasʲtsi]
versare sul conto	**пакласці на рахунак**	[pa'klasʲtsi na ra'hunak]
prelevare dal conto	**зняць з рахунку**	['znʲatsʲ z ra'hunku]
carta (f) di credito	**крэдытная картка** (ж)	[krɛ'dɨtnaʲa 'kartka]
contanti (m pl)	**гатоўка** (ж)	[ɦa'tɔwka]
assegno (m)	**чэк** (м)	['ʧɛk]
emettere un assegno	**выпісаць чэк**	['vɨpisatsʲ 'ʧɛk]
libretto (m) di assegni	**чэкавая кніжка** (ж)	['ʧɛkavaʲa 'kniʃka]
portafoglio (m)	**бумажнік** (м)	[bu'maʒnik]
borsellino (m)	**кашалёк** (м)	[kaʃa'lʲok]
cassaforte (f)	**сейф** (м)	['sejf]
erede (m)	**спадчыннік** (м)	['spatʧɨnnik]
eredità (f)	**спадчына** (ж)	['spatʧɨna]
fortuna (f)	**маёмасць** (ж)	['maʲomastsʲ]
affitto (m), locazione (f)	**арэнда** (ж)	[a'rɛnda]
canone (m) d'affitto	**кватэрная плата** (ж)	[kva'tɛrnaʲa 'plata]
affittare (dare in affitto)	**наймаць**	[naj'matsʲ]
prezzo (m)	**цана** (ж)	[tsa'na]

costo (m)	**кошт** (м)	['kɔʃt]
somma (f)	**сума** (ж)	['suma]
spendere (vt)	**траціць**	['traʦiʦʲ]
spese (f pl)	**выдаткі** (м мн)	[vɨ'datki]
economizzare (vi, vt)	**эканоміць**	[ɛka'nɔmiʦʲ]
economico (agg)	**эканомны**	[ɛka'nɔmnɨ]
pagare (vi, vt)	**плаціць**	[pla'ʦiʦʲ]
pagamento (m)	**аплата** (ж)	[a'plata]
resto (m) (dare il ~)	**рэшта** (ж)	['rɛʃta]
imposta (f)	**падатак** (м)	[pa'datak]
multa (f), ammenda (f)	**штраф** (м)	['ʃtraf]
multare (vt)	**штрафаваць**	[ʃtrafa'vaʦʲ]

42. Posta. Servizio postale

ufficio (m) postale	**пошта** (ж)	['pɔʃta]
posta (f) (lettere, ecc.)	**пошта** (ж)	['pɔʃta]
postino (m)	**паштальён** (м)	[paʃta'ljɔn]
orario (m) di apertura	**гадзіны** (ж мн) **працы**	[ɦa'ʣinɨ 'praʦɨ]
lettera (f)	**ліст** (м)	['list]
raccomandata (f)	**заказны ліст** (м)	[zakaz'nɨ 'list]
cartolina (f)	**паштоўка** (ж)	[paʃ'tɔwka]
telegramma (m)	**тэлеграма** (ж)	[tɛle'ɦrama]
pacco (m) postale	**пасылка** (ж)	[pa'sɨlka]
vaglia (m) postale	**грашовы перавод** (м)	[ɦra'ʃɔvɨ pera'vɔt]
ricevere (vt)	**атрымаць**	[atrɨ'maʦʲ]
spedire (vt)	**адправіць**	[at'praviʦʲ]
invio (m)	**адпраўка** (ж)	[at'prawka]
indirizzo (m)	**адрас** (м)	['adras]
codice (m) postale	**індэкс** (м)	['indɛks]
mittente (m)	**адпраўшчык** (м)	[at'prawʃɕɨk]
destinatario (m)	**атрымальнік** (м)	[atrɨ'malʲnik]
nome (m)	**імя** (н)	[i'mʲa]
cognome (m)	**прозвішча** (н)	['prɔzʲviʃɕa]
tariffa (f)	**тарыф** (м)	[ta'rɨf]
ordinario (agg)	**звычайны**	[zvɨ'ʧajnɨ]
standard (agg)	**эканамічны**	[ɛkana'miʧnɨ]
peso (m)	**вага** (ж)	[va'ɦa]
pesare (vt)	**узважваць**	[uz'vaʒvaʦʲ]
busta (f)	**канверт** (м)	[kan'vert]
francobollo (m)	**марка** (ж)	['marka]

43. Attività bancaria

banca (f)	**банк** (м)	['bank]
filiale (f)	**аддзяленне** (н)	[adzʲa'lenne]
consulente (m)	**кансультант** (м)	[kansulʲ'tant]
direttore (m)	**загадчык** (м)	[za'ɦatʃɨk]
conto (m) bancario	**рахунак** (м)	[ra'hunak]
numero (m) del conto	**нумар** (м) **рахунку**	['numar ra'hunku]
conto (m) corrente	**бягучы рахунак** (м)	[bʲa'ɦutʃɨ ra'hunak]
conto (m) di risparmio	**назапашвальны рахунак** (м)	[naza'paʃvalʲnɨ ra'hunak]
aprire un conto	**адкрыць рахунак**	[atk'rɨtsʲ ra'hunak]
chiudere il conto	**закрыць рахунак**	[za'krɨtsʲ ra'hunak]
versare sul conto	**пакласці на рахунак**	[pa'klasʲtsi na ra'hunak]
prelevare dal conto	**зняць з рахунку**	['znʲatsʲ z ra'hunku]
deposito (m)	**уклад** (м)	[u'klat]
depositare (vt)	**зрабіць уклад**	[zra'bitsʲ u'klat]
trasferimento (m) telegrafico	**перавод** (м)	[pera'vɔt]
rimettere i soldi	**зрабіць перавод**	[zra'bitsʲ pera'vɔt]
somma (f)	**сума** (ж)	['suma]
Quanto?	**Колькі?**	['kɔlʲki]
firma (f)	**подпіс** (м)	['pɔtpis]
firmare (vt)	**падпісаць**	[patpi'satsʲ]
carta (f) di credito	**крэдытная картка** (ж)	[krɛ'dɨtnaʲa 'kartka]
codice (m)	**код** (м)	['kɔt]
numero (m) della carta di credito	**нумар** (м) **крэдытнай карткі**	['numar krɛ'dɨtnaj 'kartki]
bancomat (m)	**банкамат** (м)	[banka'mat]
assegno (m)	**чэк** (м)	['tʃɛk]
emettere un assegno	**выпісаць чэк**	['vɨpisatsʲ 'tʃɛk]
libretto (m) di assegni	**чэкавая кніжка** (ж)	['tʃɛkavaʲa 'kniʃka]
prestito (m)	**крэдыт** (м)	[krɛ'dɨt]
fare domanda per un prestito	**звяртацца па крэдыт**	[zvʲar'tatsa pa krɛ'dɨt]
ottenere un prestito	**браць крэдыт**	['bratsʲ krɛ'dɨt]
concedere un prestito	**даваць крэдыт**	[da'vatsʲ krɛ'dɨt]
garanzia (f)	**гарантыя** (ж)	[ɦa'rantɨʲa]

44. Telefono. Conversazione telefonica

telefono (m)	**тэлефон** (м)	[tɛle'fɔn]
telefonino (m)	**мабільны тэлефон** (м)	[ma'bilʲnɨ tɛle'fɔn]
segreteria (f) telefonica	**аўтаадказчык** (м)	[awtaat'kaʃɕɨk]
telefonare (vi, vt)	**тэлефанаваць**	[tɛlefana'vaʦʲ]
chiamata (f)	**тэлефанаванне** (н)	[tɛlefana'vanne]
comporre un numero	**набраць нумар**	[nab'raʦʲ 'numar]
Pronto!	**алё!**	[a'lʲo]
chiedere (domandare)	**спытаць**	[spɨ'taʦʲ]
rispondere (vi, vt)	**адказаць**	[atka'zaʦʲ]
udire (vt)	**чуць**	['ʧuʦʲ]
bene	**добра**	['dɔbra]
male	**дрэнна**	['drɛnna]
disturbi (m pl)	**перашкоды** (ж мн)	[pera'ʃkɔdɨ]
cornetta (f)	**трубка** (ж)	['trupka]
alzare la cornetta	**зняць трубку**	['znʲaʦʲ 'trupku]
riattaccare la cornetta	**пакласці трубку**	[pa'klasʲʦi 'trupku]
occupato (agg)	**заняты**	[za'nʲatɨ]
squillare (del telefono)	**званіць**	[zva'niʦʲ]
elenco (m) telefonico	**тэлефонная кніга** (ж)	[tɛle'fɔnnaʲa 'kniɦa]
locale (agg)	**мясцовы**	[mʲas'ʦɔvɨ]
telefonata (f) urbana	**мясцовы званок** (м)	[mʲas'ʦovɨ zva'nok]
interurbano (agg)	**міжгародні**	[miʒɦa'rɔdni]
telefonata (f) interurbana	**міжгародні званок** (м)	[miʒɦa'rɔdni zva'nok]
internazionale (agg)	**міжнародны**	[miʒna'rɔdnɨ]
telefonata (f) internazionale	**міжнародны званок** (м)	[miʒna'rɔdnɨ zva'nok]

45. Telefono cellulare

telefonino (m)	**мабільны тэлефон** (м)	[ma'bilʲnɨ tɛle'fɔn]
schermo (m)	**дысплей** (м)	[dɨs'plej]
tasto (m)	**кнопка** (ж)	['knɔpka]
scheda SIM (f)	**SIM-картка** (ж)	[sim'kartka]
pila (f)	**батарэя** (ж)	[bata'rɛʲa]
essere scarico	**разрадзіцца**	[razra'ʣiʦa]
caricabatteria (m)	**зарадная прылада** (ж)	[za'radnaʲa prɨ'lada]
menù (m)	**меню** (н)	[me'nʉ]
impostazioni (f pl)	**наладкі** (ж мн)	[na'latki]
melodia (f)	**мелодыя** (ж)	[me'lɔdɨʲa]
scegliere (vt)	**выбраць**	['vɨbraʦʲ]

calcolatrice (f)	**калькулятар** (м)	[kalʲku'lʲatar]
segreteria (f) telefonica	**галасавая пошта** (ж)	[ɦalasa'vaja 'poʃta]
sveglia (f)	**будзільнік** (м)	[bu'dzilʲnik]
contatti (m pl)	**тэлефонная кніга** (ж)	[tɛle'fɔnnaʲa 'kniɦa]
messaggio (m) SMS	**SMS-паведамленне** (н)	[ɛsɛ'mɛs pavedam'lenne]
abbonato (m)	**абанент** (м)	[aba'nent]

46. Articoli di cancelleria

penna (f) a sfera	**аўтаручка** (ж)	[awta'rutʃka]
penna (f) stilografica	**ручка** (ж) **пёравая**	['rutʃka 'pʲoravaʲa]
matita (f)	**аловак** (м)	[a'lɔvak]
evidenziatore (m)	**маркёр** (м)	[mar'kʲor]
pennarello (m)	**фламастэр** (м)	[fla'mastɛr]
taccuino (m)	**блакнот** (м)	[blak'nɔt]
agenda (f)	**штодзённік** (м)	[ʃtɔ'dzʲonnik]
righello (m)	**лінейка** (ж)	[li'nejka]
calcolatrice (f)	**калькулятар** (м)	[kalʲku'lʲatar]
gomma (f) per cancellare	**сцірка** (ж)	['stsirka]
puntina (f)	**кнопка** (ж)	['knɔpka]
graffetta (f)	**сашчэпка** (ж)	[sa'ʃɕɛpka]
colla (f)	**клей** (м)	['klej]
pinzatrice (f)	**стэплер** (м)	['stɛpler]
perforatrice (f)	**дзіркакол** (м)	[dzirka'kɔl]
temperamatite (m)	**тачылка** (ж)	[ta'tʃɨlka]

47. Lingue straniere

lingua (f)	**мова** (ж)	['mɔva]
straniero (agg)	**замежны**	[za'meʒnɨ]
lingua (f) straniera	**замежная мова** (ж)	[za'meʒnaʲa 'mɔva]
studiare (vt)	**вывучаць**	[vɨvu'tʃatsʲ]
imparare (una lingua)	**вучыць**	[vu'tʃɨtsʲ]
leggere (vi, vt)	**чытаць**	[tʃɨ'tatsʲ]
parlare (vi, vt)	**гаварыць**	[ɦava'rɨtsʲ]
capire (vt)	**разумець**	[razu'metsʲ]
scrivere (vi, vt)	**пісаць**	[pi'satsʲ]
rapidamente	**хутка**	['hutka]
lentamente	**павольна**	[pa'vɔlʲna]
correntemente	**лёгка**	['lʲoɦka]
regole (f pl)	**правілы** (н мн)	['pravilɨ]

grammatica (f) **граматыка** (ж) [ɦra'matɨka]
lessico (m) **лексіка** (ж) ['leksika]
fonetica (f) **фанетыка** (ж) [fa'netɨka]

manuale (m) **падручнік** (м) [pad'ruʧnik]
dizionario (m) **слоўнік** (м) ['slɔwnik]
manuale (m) autodidattico **самавучыцель** (м) [samavu'ʧɨʦelʲ]
frasario (m) **размоўнік** (м) [raz'mɔwnik]

cassetta (f) **касета** (ж) [ka'seta]
videocassetta (f) **відэакасета** (ж) ['vidɛa ka'seta]
CD (m) **кампакт-дыск** (м) [kam'pakt 'dɨsk]
DVD (m) **DVD** (м) [ʣiwi'ʣi]

alfabeto (m) **алфавіт** (м) [alfa'vit]
compitare (vt) **гаварыць па літарах** [ɦava'rɨʦʲ pa 'litarah]
pronuncia (f) **вымаўленне** (н) [vɨmaw'lenne]

accento (m) **акцэнт** (м) [ak'ʦɛnt]
con un accento **з акцэнтам** [z ak'ʦɛntam]
senza accento **без акцэнту** [bez ak'ʦɛntu]

vocabolo (m) **слова** (н) ['slɔva]
significato (m) **сэнс** (м) ['sɛns]

corso (m) (~ di francese) **курсы** (м мн) ['kursɨ]
iscriversi (vr) **запісацца** [zapi'saʦa]
insegnante (m, f) **выкладчык** (м) [vɨk'laʧɨk]

traduzione (f) (fare una ~) **пераклад** (м) [pera'klat]
traduzione (f) (un testo) **пераклад** (м) [pera'klat]
traduttore (m) **перакладчык** (м) [pera'klaʧɨk]
interprete (m) **перакладчык** (м) [pera'klaʧɨk]

poliglotta (m) **паліглот** (м) [pali'ɦlɔt]
memoria (f) **памяць** (ж) ['pamʲaʦʲ]

PASTI. RISTORANTE

T&P Books Publishing

48. Preparazione della tavola

cucchiaio (m)	**лыжка** (ж)	['lɨʃka]
coltello (m)	**нож** (м)	['nɔʃ]
forchetta (f)	**відэлец** (м)	[vi'dɛlets]
tazza (f)	**кубак** (м)	['kubak]
piatto (m)	**талерка** (ж)	[ta'lerka]
piattino (m)	**сподак** (м)	['spɔdak]
tovagliolo (m)	**сурвэтка** (ж)	[sur'vɛtka]
stuzzicadenti (m)	**зубачыстка** (ж)	[zuba'ʧɨstka]

49. Ristorante

ristorante (m)	**рэстаран** (м)	[rɛsta'ran]
caffè (m)	**кавярня** (ж)	[ka'vʲarnʲa]
pub (m), bar (m)	**бар** (м)	['bar]
sala (f) da tè	**чайны салон** (м)	['ʧajnɨ sa'lɔn]
cameriere (m)	**афіцыянт** (м)	[afitsɨ'ʲant]
cameriera (f)	**афіцыянтка** (ж)	[afitsɨ'ʲantka]
barista (m)	**бармэн** (м)	[bar'mɛn]
menù (m)	**меню** (н)	[me'nʉ]
lista (f) dei vini	**карта** (ж) **вінаў**	['karta 'vinaw]
prenotare un tavolo	**забраніраваць столік**	[zabra'niravatsʲ 'stɔlik]
piatto (m)	**страва** (ж)	['strava]
ordinare (~ il pranzo)	**заказаць**	[zaka'zatsʲ]
fare un'ordinazione	**зрабіць заказ**	[zra'bitsʲ za'kas]
aperitivo (m)	**аперытыў** (м)	[aperɨ'tɨw]
antipasto (m)	**закуска** (ж)	[za'kuska]
dolce (m)	**дэсерт** (м)	[dɛ'sert]
conto (m)	**рахунак** (м)	[ra'hunak]
pagare il conto	**аплаціць рахунак**	[apla'tsitsʲ ra'hunak]
dare il resto	**даць рэшту**	['datsʲ 'rɛʃtu]
mancia (f)	**чаявыя** (мн)	[ʧaʲa'vɨʲa]

50. Pasti

cibo (m)	**ежа** (ж)	['eʒa]
mangiare (vi, vt)	**есці**	['esʲtsi]

colazione (f)	**сняданак** (м)	[snʲa'danak]
fare colazione	**снедаць**	['snedatsʲ]
pranzo (m)	**абед** (м)	[a'bet]
pranzare (vi)	**абедаць**	[a'bedatsʲ]
cena (f)	**вячэра** (ж)	[vʲa'tʃɛra]
cenare (vi)	**вячэраць**	[vʲa'tʃɛratsʲ]
appetito (m)	**апетыт** (м)	[ape'tɨt]
Buon appetito!	**Смачна есці!**	[smatʃna 'esʲtsi]
aprire (vt)	**адкрываць**	[atkrɨ'vatsʲ]
rovesciare (~ il vino, ecc.)	**разліць**	[raz'litsʲ]
rovesciarsi (vr)	**разліцца**	[raz'litsa]
bollire (vi)	**кіпець**	[ki'petsʲ]
far bollire	**кіпяціць**	[kipʲa'tsitsʲ]
bollito (agg)	**кіпячоны**	[kipʲa'tʃonɨ]
raffreddare (vt)	**астудзіць**	[astu'dzitsʲ]
raffreddarsi (vr)	**астуджвацца**	[as'tudʒvatsa]
gusto (m)	**смак** (м)	['smak]
retrogusto (m)	**прысмак** (м)	['prɨsmak]
essere a dieta	**худзець**	[hu'dzetsʲ]
dieta (f)	**дыета** (ж)	[dɨ'eta]
vitamina (f)	**вітамін** (м)	[vita'min]
caloria (f)	**калорыя** (ж)	[ka'lorɨʲa]
vegetariano (m)	**вегетарыянец** (м)	[veɦetarɨ'ʲanets]
vegetariano (agg)	**вегетарыянскі**	[veɦetarɨ'ʲanski]
grassi (m pl)	**тлушчы** (м мн)	[tlu'ʃɕɨ]
proteine (f pl)	**бялкі** (м мн)	[bʲal'ki]
carboidrati (m pl)	**вугляводы** (м мн)	[vuɦlʲa'vodɨ]
fetta (f), fettina (f)	**лустачка** (ж)	['lustatʃka]
pezzo (m) (~ di torta)	**кавалак** (м)	[ka'valak]
briciola (f) (~ di pane)	**крошка** (ж)	['kroʃka]

51. Pietanze cucinate

piatto (m) (~ principale)	**страва** (ж)	['strava]
cucina (f)	**кухня** (ж)	['kuhnʲa]
ricetta (f)	**рэцэпт** (м)	[rɛ'tsɛpt]
porzione (f)	**порцыя** (ж)	['portsɨʲa]
insalata (f)	**салата** (ж)	[sa'lata]
minestra (f)	**суп** (м)	['sup]
brodo (m)	**булён** (м)	[bu'lʲon]
panino (m)	**бутэрброд** (м)	[butɛr'brot]
uova (f pl) al tegamino	**яечня** (ж)	[ʲa'etʃnʲa]

hamburger (m)	**гамбургер** (м)	['ɦamburɦer]
bistecca (f)	**біфштэкс** (м)	[bif'ʃtɛks]
contorno (m)	**гарнір** (м)	[ɦar'nir]
spaghetti (m pl)	**спагеці** (мн)	[spa'ɦetsi]
purè (m) di patate	**бульбяное пюрэ** (н)	[bulʲbʲa'nɔe pʉ'rɛ]
pizza (f)	**піца** (ж)	['pitsa]
porridge (m)	**каша** (ж)	['kaʃa]
frittata (f)	**амлет** (м)	[am'let]
bollito (agg)	**вараны**	['varanɨ]
affumicato (agg)	**вэнджаны**	['vɛndʒanɨ]
fritto (agg)	**смажаны**	['smaʒanɨ]
secco (agg)	**сушаны**	['suʃanɨ]
congelato (agg)	**замарожаны**	[zama'rɔʒanɨ]
sottoaceto (agg)	**марынаваны**	[marɨna'vanɨ]
dolce (gusto)	**салодкі**	[sa'lɔtki]
salato (agg)	**салёны**	[sa'lʲonɨ]
freddo (agg)	**халодны**	[ha'lɔdnɨ]
caldo (agg)	**гарачы**	[ɦa'ratʃɨ]
amaro (agg)	**горкі**	['ɦɔrki]
buono, gustoso (agg)	**смачны**	['smatʃnɨ]
cuocere, preparare (vt)	**варыць**	[va'rɨtsʲ]
cucinare (vi)	**гатаваць**	[ɦata'vatsʲ]
friggere (vt)	**смажыць**	['smaʒɨtsʲ]
riscaldare (vt)	**разаграваць**	[razaɦra'vatsʲ]
salare (vt)	**саліць**	[sa'litsʲ]
pepare (vt)	**перчыць**	['pertʃɨtsʲ]
grattugiare (vt)	**драць**	['dratsʲ]
buccia (f)	**лупіна** (ж)	[lu'pina]
sbucciare (vt)	**абіраць**	[abi'ratsʲ]

52. Cibo

carne (f)	**мяса** (н)	['mʲasa]
pollo (m)	**курыца** (ж)	['kurɨtsa]
pollo (m) novello	**кураня** (н)	[kura'nʲa]
anatra (f)	**качка** (ж)	['katʃka]
oca (f)	**гусь** (ж)	['ɦusʲ]
cacciagione (f)	**дзічына** (ж)	[dzi'tʃɨna]
tacchino (m)	**індычка** (ж)	[in'dɨtʃka]
maiale (m)	**свініна** (ж)	[svi'nina]
vitello (m)	**цяляціна** (ж)	[tsʲa'lʲatsina]
agnello (m)	**бараніна** (ж)	[ba'ranina]
manzo (m)	**ялавічына** (ж)	['ʲalavitʃɨna]
coniglio (m)	**трус** (м)	['trus]

salame (m)	**каўбаса** (ж)	[kawba'sa]
w?rstel (m)	**сасіска** (ж)	[sa'siska]
pancetta (f)	**бекон** (м)	[be'kɔn]
prosciutto (m)	**вяндліна** (ж)	[vʲand'lina]
prosciutto (m) affumicato	**кумпяк** (м)	[kum'pʲak]
pâté (m)	**паштэт** (м)	[paʃ'tɛt]
fegato (m)	**печань** (ж)	['petʃanʲ]
carne (f) trita	**фарш** (м)	['farʃ]
lingua (f)	**язык** (м)	[ʲa'zɨk]
uovo (m)	**яйка** (н)	['ʲajka]
uova (f pl)	**яйкі** (н мн)	['ʲajki]
albume (m)	**бялок** (м)	[bʲa'lɔk]
tuorlo (m)	**жаўток** (м)	[ʒaw'tɔk]
pesce (m)	**рыба** (ж)	['rɨba]
frutti (m pl) di mare	**морапрадукты** (м мн)	[mɔrapra'duktɨ]
crostacei (m pl)	**ракападобныя** (мн)	[rakapa'dobnɨʲa]
caviale (m)	**ікра** (ж)	[ik'ra]
granchio (m)	**краб** (м)	['krap]
gamberetto (m)	**крэветка** (ж)	[krɛ'vetka]
ostrica (f)	**вустрыца** (ж)	['vustrɨtsa]
aragosta (f)	**лангуст** (м)	[lan'ɦust]
polpo (m)	**васьміног** (м)	[vasʲmi'nɔɦ]
calamaro (m)	**кальмар** (м)	[kalʲ'mar]
storione (m)	**асятрына** (ж)	[asʲa'trɨna]
salmone (m)	**ласось** (м)	[la'sɔsʲ]
ippoglosso (m)	**палтус** (м)	['paltus]
merluzzo (m)	**траска** (ж)	[tras'ka]
scombro (m)	**скумбрыя** (ж)	['skumbrɨʲa]
tonno (m)	**тунец** (м)	[tu'nets]
anguilla (f)	**вугор** (м)	[vu'ɦɔr]
trota (f)	**стронга** (ж)	['strɔnɦa]
sardina (f)	**сардзіна** (ж)	[sar'dzina]
luccio (m)	**шчупак** (м)	[ʃɕu'pak]
aringa (f)	**селядзец** (м)	[selʲa'dzets]
pane (m)	**хлеб** (м)	['hlep]
formaggio (m)	**сыр** (м)	['sɨr]
zucchero (m)	**цукар** (м)	['tsukar]
sale (m)	**соль** (ж)	['sɔlʲ]
riso (m)	**рыс** (м)	['rɨs]
pasta (f)	**макарона** (ж)	[maka'rɔna]
tagliatelle (f pl)	**локшына** (ж)	['lɔkʃɨna]
burro (m)	**масла** (н)	['masla]
olio (m) vegetale	**алей** (м)	[a'lej]

olio (m) di girasole	**сланечнікавы алей** (м)	[sla'netʃnikavɨ a'lej]
margarina (f)	**маргарын** (м)	[marɦa'rɨn]
olive (f pl)	**алівы** (ж мн)	[a'livɨ]
olio (m) d'oliva	**алей** (м) **аліўкавы**	[a'lej a'liwkavɨ]
latte (m)	**малако** (н)	[mala'kɔ]
latte (m) condensato	**згушчанае малако** (н)	['zɦuʃɕanae mala'kɔ]
yogurt (m)	**ёгурт** (м)	['ʲoɦurt]
panna (f) acida	**смятана** (ж)	[smʲa'tana]
panna (f)	**вяршкі** (мн)	[vʲar'ʃki]
maionese (m)	**маянэз** (м)	[maʲa'nɛs]
crema (f)	**крэм** (м)	['krɛm]
cereali (m pl)	**крупы** (мн)	['krupɨ]
farina (f)	**мука** (ж)	[mu'ka]
cibi (m pl) in scatola	**кансервы** (ж мн)	[kan'servɨ]
fiocchi (m pl) di mais	**кукурузныя шматкі** (м мн)	[kuku'ruznɨʲa ʃmat'ki]
miele (m)	**мёд** (м)	['mʲot]
marmellata (f)	**джэм** (м)	['dʒɛm]
gomma (f) da masticare	**жавальная гумка** (ж)	[ʒa'valʲnaʲa 'ɦumka]

53. Bevande

acqua (f)	**вада** (ж)	[va'da]
acqua (f) potabile	**пітная вада** (ж)	[pit'naʲa va'da]
acqua (f) minerale	**мінеральная вада** (ж)	[mine'ralʲnaʲa va'da]
liscia (non gassata)	**без газу**	[bʲaz 'ɦazu]
gassata (agg)	**газіраваны**	[ɦazira'vanɨ]
frizzante (agg)	**з газам**	[z 'ɦazam]
ghiaccio (m)	**лёд** (м)	['lʲot]
con ghiaccio	**з лёдам**	[zʲ 'lʲodam]
analcolico (agg)	**безалкагольны**	[bezalka'ɦɔlʲnɨ]
bevanda (f) analcolica	**безалкагольны напітак** (м)	[bezalka'ɦɔlʲnɨ na'pitak]
bibita (f)	**прахаладжальны напітак** (м)	[prahala'dʒalʲnɨ na'pitak]
limonata (f)	**ліманад** (м)	[lima'nat]
bevande (f pl) alcoliche	**алкагольныя напіткі** (м мн)	[alka'ɦɔlʲnɨʲa na'pitki]
vino (m)	**віно** (н)	[vi'nɔ]
vino (m) bianco	**белае віно** (н)	['belae vi'nɔ]
vino (m) rosso	**чырвонае віно** (н)	[tʃɨr'vɔnae vi'nɔ]
liquore (m)	**лікёр** (м)	[li'kʲor]
champagne (m)	**шампанскае** (н)	[ʃam'panskae]

vermouth (m)	**вермут** (м)	['vermut]
whisky	**віскі** (н)	['viski]
vodka (f)	**гарэлка** (ж)	[ɦa'rɛlka]
gin (m)	**джын** (м)	['ʤɨn]
cognac (m)	**каньяк** (м)	[ka'nʲak]
rum (m)	**ром** (м)	['rɔm]
caffè (m)	**кава** (ж)	['kava]
caffè (m) nero	**чорная кава** (ж)	['ʧɔrnaʲa 'kava]
caffè latte (m)	**кава** (ж) **з малаком**	['kava z mala'kɔm]
cappuccino (m)	**кава** (ж) **з вяршкамі**	['kava zʲ vʲarʃkami]
caffè (m) solubile	**растваральная кава** (ж)	[rastva'ralʲnaʲa 'kava]
latte (m)	**малако** (н)	[mala'kɔ]
cocktail (m)	**кактэйль** (м)	[kak'tɛjlʲ]
frullato (m)	**малочны кактэйль** (м)	[ma'lɔʧnɨ kak'tɛjlʲ]
succo (m)	**сок** (м)	['sɔk]
succo (m) di pomodoro	**таматны сок** (м)	[ta'matnɨ 'sɔk]
succo (m) d'arancia	**апельсінавы сок** (м)	[apelʲ'sinavɨ 'sɔk]
spremuta (f)	**свежавыціснуты сок** (м)	[sveʒa'vɨʦisnutɨ 'sɔk]
birra (f)	**піва** (н)	['piva]
birra (f) chiara	**светлае піва** (н)	['svetlae 'piva]
birra (f) scura	**цёмнае піва** (н)	['ʦʲomnae 'piva]
tè (m)	**чай** (м)	['ʧaj]
tè (m) nero	**чорны чай** (м)	['ʧɔrnɨ 'ʧaj]
tè (m) verde	**зялёны чай** (м)	[zʲa'lʲonɨ 'ʧaj]

54. Verdure

ortaggi (m pl)	**гародніна** (ж)	[ɦa'rɔdnina]
verdura (f)	**зеляніна** (ж)	[zelʲa'nina]
pomodoro (m)	**памідор** (м)	[pami'dɔr]
cetriolo (m)	**агурок** (м)	[aɦu'rɔk]
carota (f)	**морква** (ж)	['mɔrkva]
patata (f)	**бульба** (ж)	['bulʲba]
cipolla (f)	**цыбуля** (ж)	[ʦɨ'bulʲa]
aglio (m)	**часнок** (м)	[ʧas'nɔk]
cavolo (m)	**капуста** (ж)	[ka'pusta]
cavolfiore (m)	**квяцістая капуста** (ж)	[kvʲa'ʦistaʲa ka'pusta]
cavoletti (m pl) di Bruxelles	**брусельская капуста** (ж)	[bru'selʲskaʲa ka'pusta]
broccolo (m)	**капуста** (ж) **браколі**	[ka'pusta bra'kɔli]
barbabietola (f)	**бурак** (м)	[bu'rak]
melanzana (f)	**баклажан** (м)	[bakla'ʒan]
zucchina (f)	**кабачок** (м)	[kaba'ʧɔk]

zucca (f)	**гарбуз** (м)	[ɦar'bus]
rapa (f)	**рэпа** (ж)	['rɛpa]
prezzemolo (m)	**пятрушка** (ж)	[pʲat'ruʃka]
aneto (m)	**кроп** (м)	['krɔp]
lattuga (f)	**салата** (ж)	[sa'lata]
sedano (m)	**сельдэрэй** (м)	[selʲdɛ'rɛj]
asparago (m)	**спаржа** (ж)	['sparʒa]
spinaci (m pl)	**шпінат** (м)	[ʃpi'nat]
pisello (m)	**гарох** (м)	[ɦa'rɔh]
fave (f pl)	**боб** (м)	['bɔp]
mais (m)	**кукуруза** (ж)	[kuku'ruza]
fagiolo (m)	**фасоля** (ж)	[fa'sɔlʲa]
peperone (m)	**перац** (м)	['perats]
ravanello (m)	**радыска** (ж)	[ra'dɨska]
carciofo (m)	**артышок** (м)	[artɨ'ʃɔk]

55. Frutta. Noci

frutto (m)	**фрукт** (м)	['frukt]
mela (f)	**яблык** (м)	['ʲablɨk]
pera (f)	**груша** (ж)	['ɦruʃa]
limone (m)	**лімон** (м)	[li'mɔn]
arancia (f)	**апельсін** (м)	[apelʲ'sin]
fragola (f)	**клубніцы** (ж мн)	[klub'nitsɨ]
mandarino (m)	**мандарын** (м)	[manda'rɨn]
prugna (f)	**сліва** (ж)	['sliva]
pesca (f)	**персік** (м)	['persik]
albicocca (f)	**абрыкос** (м)	[abrɨ'kɔs]
lampone (m)	**маліны** (ж мн)	[ma'linɨ]
ananas (m)	**ананас** (м)	[ana'nas]
banana (f)	**банан** (м)	[ba'nan]
anguria (f)	**кавун** (м)	[ka'vun]
uva (f)	**вінаград** (м)	[vina'ɦrat]
amarena (f)	**вішня** (ж)	['viʃnʲa]
ciliegia (f)	**чарэшня** (ж)	[tʃa'rɛʃnʲa]
melone (m)	**дыня** (ж)	['dɨnʲa]
pompelmo (m)	**грэйпфрут** (м)	[ɦrɛjp'frut]
avocado (m)	**авакада** (н)	[ava'kada]
papaia (f)	**папайя** (ж)	[pa'paʲa]
mango (m)	**манга** (н)	['manɦa]
melagrana (f)	**гранат** (м)	[ɦra'nat]
ribes (m) rosso	**чырвоныя парэчкі** (ж мн)	[tʃɨr'vɔnɨʲa pa'rɛtʃki]
ribes (m) nero	**чорныя парэчкі** (ж мн)	['tʃɔrnɨʲa pa'rɛtʃki]

uva (f) spina	**агрэст** (м)	[aɦ'rɛst]
mirtillo (m)	**чарніцы** (ж мн)	[ʧar'nitsɨ]
mora (f)	**ажыны** (ж мн)	[a'ʒɨnɨ]
uvetta (f)	**разынкі** (ж мн)	[ra'zɨnki]
fico (m)	**інжыр** (м)	[in'ʒɨr]
dattero (m)	**фінік** (м)	['finik]
arachide (f)	**арахіс** (м)	[a'rahis]
mandorla (f)	**міндаль** (м)	[min'dalʲ]
noce (f)	**арэх** (м)	[a'rɛh]
nocciola (f)	**арэх** (м)	[a'rɛh]
noce (f) di cocco	**арэх** (м) **какосавы**	[a'rɛh ka'kɔsavɨ]
pistacchi (m pl)	**фісташкі** (ж мн)	[fis'taʃki]

56. Pane. Dolci

pasticceria (f)	**кандытарскія вырабы** (м мн)	[kan'dɨtarskiʲa 'vɨrabɨ]
pane (m)	**хлеб** (м)	['hlep]
biscotti (m pl)	**печыва** (н)	['peʧɨva]
cioccolato (m)	**шакалад** (м)	[ʃaka'lat]
al cioccolato (agg)	**шакаладны**	[ʃaka'ladnɨ]
caramella (f)	**цукерка** (ж)	[tsu'kerka]
tortina (f)	**піражнае** (н)	[pi'rɔʒnae]
torta (f)	**торт** (м)	['tɔrt]
crostata (f)	**пірог** (м)	[pi'rɔɦ]
ripieno (m)	**начынка** (ж)	[na'ʧɨnka]
marmellata (f)	**варэнне** (н)	[va'rɛnne]
marmellata (f) di agrumi	**мармелад** (м)	[marme'lat]
wafer (m)	**вафлі** (ж мн)	['vafli]
gelato (m)	**марожанае** (н)	[ma'rɔʒanae]

57. Spezie

sale (m)	**соль** (ж)	['sɔlʲ]
salato (agg)	**салёны**	[sa'lʲonɨ]
salare (vt)	**саліць**	[sa'litsʲ]
pepe (m) nero	**чорны перац** (м)	['ʧɔrnɨ 'perats]
peperoncino (m)	**чырвоны перац** (м)	[ʧɨr'vɔnɨ 'perats]
senape (f)	**гарчыца** (ж)	[ɦar'ʧɨtsa]
cren (m)	**хрэн** (м)	['hrɛn]
condimento (m)	**прыправа** (ж)	[prɨp'rava]
spezie (f pl)	**духмяная спецыя** (ж)	[duh'mʲanaʲa 'spetsɨʲa]

salsa (f)	**соус** (м)	['sɔus]
aceto (m)	**воцат** (м)	['vɔʦat]
anice (m)	**аніс** (м)	[a'nis]
basilico (m)	**базілік** (м)	[bazi'lik]
chiodi (m pl) di garofano	**гваздзіка** (ж)	[ɦvazʲ'ʤika]
zenzero (m)	**імбір** (м)	[im'bir]
coriandolo (m)	**каляндра** (ж)	[ka'lʲandra]
cannella (f)	**карыца** (ж)	[ka'rɨʦa]
sesamo (m)	**кунжут** (м)	[kun'ʒut]
alloro (m)	**лаўровы ліст** (м)	[law'rɔvɨ 'list]
paprica (f)	**папрыка** (ж)	['paprɨka]
cumino (m)	**кмен** (м)	['kmen]
zafferano (m)	**шафран** (м)	[ʃaf'ran]

INFORMAZIONI PERSONALI. FAMIGLIA

T&P Books Publishing

58. Informazioni personali. Moduli

nome (m)	**імя** (н)	[i'mʲa]
cognome (m)	**прозвішча** (н)	['prɔzʲviʃɕa]
data (f) di nascita	**дата** (ж) **нараджэння**	['data nara'ʤɛnnʲa]
luogo (m) di nascita	**месца** (н) **нараджэння**	['mesʲʦa nara'ʤɛnnʲa]
nazionalità (f)	**нацыянальнасць** (ж)	[naʦɨʲa'nalʲnasʦʲ]
domicilio (m)	**месца** (н) **жыхарства**	['mesʲʦa ʒɨ'harstva]
paese (m)	**краіна** (ж)	[kra'ina]
professione (f)	**прафесія** (ж)	[pra'fesiʲa]
sesso (m)	**пол** (м)	['pɔl]
statura (f)	**рост** (м)	['rɔst]
peso (m)	**вага** (ж)	[va'ɦa]

59. Membri della famiglia. Parenti

madre (f)	**маці** (ж)	['maʦi]
padre (m)	**бацька** (м)	['baʦʲka]
figlio (m)	**сын** (м)	['sɨn]
figlia (f)	**дачка** (ж)	[daʧ'ka]
figlia (f) minore	**малодшая дачка** (ж)	[ma'lɔtʃaʲa daʧ'ka]
figlio (m) minore	**малодшы сын** (м)	[ma'lɔtʃɨ 'sɨn]
figlia (f) maggiore	**старэйшая дачка** (ж)	[sta'rɛjʃaʲa daʧ'ka]
figlio (m) maggiore	**старэйшы сын** (м)	[sta'rɛjʃɨ 'sɨn]
fratello (m)	**брат** (м)	['brat]
fratello (m) maggiore	**старшы брат** (м)	['starʃɨ 'brat]
fratello (m) minore	**меншы брат** (м)	['menʃɨ 'brat]
sorella (f)	**сястра** (ж)	[sʲast'ra]
sorella (f) maggiore	**старшая сястра** (ж)	['starʃaʲa sʲas'tra]
sorella (f) minore	**малодшая сястра** (ж)	[ma'lɔtʃaʲa sʲas'tra]
cugino (m)	**стрыечны брат** (м)	[strɨ'eʧnɨ 'brat]
cugina (f)	**стрыечная сястра** (ж)	[strɨ'eʧnaʲa sʲas'tra]
mamma (f)	**мама** (ж)	['mama]
papà (m)	**тата** (м)	['tata]
genitori (m pl)	**бацькі** (мн)	[baʦʲ'ki]
bambino (m)	**дзіця** (н)	[ʣi'ʦʲa]
bambini (m pl)	**дзеці** (н мн)	['ʣeʦi]
nonna (f)	**бабуля** (ж)	[ba'bulʲa]
nonno (m)	**дзядуля** (м)	[ʣʲa'dulʲa]

nipote (m) (figlio di un figlio)	**унук** (м)	[u'nuk]
nipote (f)	**унучка** (ж)	[u'nuʧka]
nipoti (pl)	**унукі** (м мн)	[u'nuki]
zio (m)	**дзядзька** (м)	['ʣʲaʦʲka]
zia (f)	**цётка** (ж)	['ʦʲotka]
nipote (m) (figlio di un fratello)	**пляменнік** (м)	[plʲa'mennik]
nipote (f)	**пляменніца** (ж)	[plʲa'menniʦa]
suocera (f)	**цешча** (ж)	['ʦeʃɕa]
suocero (m)	**свёкар** (м)	['svʲokar]
genero (m)	**зяць** (м)	['zʲaʦʲ]
matrigna (f)	**мачаха** (ж)	['maʧaha]
patrigno (m)	**айчым** (м)	[aj'ʧɨm]
neonato (m)	**груднoе дзіця** (н)	[ɦrud'nɔe ʣi'ʦʲa]
infante (m)	**немаўля** (н)	[nemaw'lʲa]
bimbo (m), ragazzino (m)	**малыш** (м)	[ma'lɨʃ]
moglie (f)	**жонка** (ж)	['ʒɔnka]
marito (m)	**муж** (м)	['muʃ]
coniuge (m)	**муж** (м)	['muʃ]
coniuge (f)	**жонка** (ж)	['ʒɔnka]
sposato (agg)	**жанаты**	[ʒa'natɨ]
sposata (agg)	**замужняя**	[za'muʒnæʲa]
celibe (agg)	**халасты**	[halas'tɨ]
scapolo (m)	**халасцяк** (м)	[halas'ʦʲak]
divorziato (agg)	**разведзены**	[raz'veʣenɨ]
vedova (f)	**удава** (ж)	[u'dava]
vedovo (m)	**удавец** (м)	[uda'veʦ]
parente (m)	**сваяк** (м)	[sva'ʲak]
parente (m) stretto	**блізкі сваяк** (м)	[bliski sva'ʲak]
parente (m) lontano	**далёкі сваяк** (м)	[da'lʲoki sva'ʲak]
parenti (m pl)	**сваякі** (м мн)	[svaʲa'ki]
orfano (m), orfana (f)	**сірата** (м, ж)	[sira'ta]
tutore (m)	**апякун** (м)	[apʲa'kun]
adottare (~ un bambino)	**усынавіць**	[usɨna'viʦʲ]
adottare (~ una bambina)	**удачарыць**	[udaʧa'rɨʦʲ]

60. Amici. Colleghi

amico (m)	**сябар** (м)	['sʲabar]
amica (f)	**сяброўка** (ж)	[sʲab'rɔwka]
amicizia (f)	**сяброўства** (н)	[sʲab'rɔwstva]
essere amici	**сябраваць**	[sʲabra'vaʦʲ]
amico (m) (inform.)	**прыяцель** (м)	['prɨʲaʦelʲ]

amica (f) (inform.)	**прыяцелька** (ж)	['priʲatselʲka]
partner (m)	**партнёр** (м)	[part'nʲor]
capo (m)	**шэф** (м)	['ʃɛf]
capo (m), superiore (m)	**начальнік** (м)	[na'ʧalʲnik]
proprietario (m)	**уладальнік** (м)	[ula'dalʲnik]
subordinato (m)	**падначалены** (м)	[padna'ʧaleni]
collega (m)	**калега** (м, ж)	[ka'leɦa]
conoscente (m)	**знаёмы** (м)	[zna'ʲomɨ]
compagno (m) di viaggio	**спадарожнік** (м)	[spada'rɔʒnik]
compagno (m) di classe	**аднакласнік** (м)	[adna'klasnik]
vicino (m)	**сусед** (м)	[su'set]
vicina (f)	**суседка** (ж)	[su'setka]
vicini (m pl)	**суседзі** (м мн)	[su'seʣi]

CORPO UMANO. MEDICINALI

T&P Books Publishing

61. Testa

testa (f)	**галава** (ж)	[ɦala'va]
viso (m)	**твар** (м)	['tvar]
naso (m)	**нос** (м)	['nɔs]
bocca (f)	**рот** (м)	['rɔt]
occhio (m)	**вока** (н)	['vɔka]
occhi (m pl)	**вочы** (н мн)	['vɔʧɨ]
pupilla (f)	**зрэнка** (ж)	['zrɛnka]
sopracciglio (m)	**брыво** (н)	[brɨ'vɔ]
ciglio (m)	**вейка** (ж)	['vejka]
palpebra (f)	**павека** (н)	[pa'veka]
lingua (f)	**язык** (м)	[ʲa'zɨk]
dente (m)	**зуб** (м)	['zup]
labbra (f pl)	**губы** (ж мн)	['ɦubɨ]
zigomi (m pl)	**скулы** (ж мн)	['skulɨ]
gengiva (f)	**дзясна** (ж)	[ʣʲas'na]
palato (m)	**паднябенне** (н)	[padnʲa'benne]
narici (f pl)	**ноздры** (ж мн)	['nɔzdrɨ]
mento (m)	**падбародак** (м)	[padba'rɔdak]
mascella (f)	**сківіца** (ж)	['skiviʦa]
guancia (f)	**шчака** (ж)	[ʃɕa'ka]
fronte (f)	**лоб** (м)	['lɔp]
tempia (f)	**скронь** (ж)	['skrɔnʲ]
orecchio (m)	**вуха** (н)	['vuha]
nuca (f)	**патыліца** (ж)	[pa'tɨliʦa]
collo (m)	**шыя** (ж)	['ʃɨʲa]
gola (f)	**горла** (н)	['ɦɔrla]
capelli (m pl)	**валасы** (м мн)	[vala'sɨ]
pettinatura (f)	**прычоска** (ж)	[prɨ'ʧɔska]
taglio (m)	**стрыжка** (ж)	['strɨʃka]
parrucca (f)	**парык** (м)	[pa'rɨk]
baffi (m pl)	**вусы** (м мн)	['vusɨ]
barba (f)	**барада** (ж)	[bara'da]
portare (~ la barba, ecc.)	**насіць**	[na'siʦʲ]
treccia (f)	**каса** (ж)	[ka'sa]
basette (f pl)	**бакенбарды** (мн)	[baken'bardɨ]
rosso (agg)	**рыжы**	['rɨʒɨ]
brizzolato (agg)	**сівы**	[si'vɨ]

calvo (agg) **лысы** ['lɨsɨ]
calvizie (f) **лысіна** (ж) ['lɨsina]

coda (f) di cavallo **хвост** (м) ['hvɔst]
frangetta (f) **чубок** (м) [ʧu'bɔk]

62. Corpo umano

mano (f) **кісць** (ж) ['kisʦʲ]
braccio (m) **рука** (ж) [ru'ka]

dito (m) **палец** (м) ['paleʦ]
dito (m) del piede **палец** (м) ['paleʦ]
pollice (m) **вялікі палец** (м) [vʲa'liki 'paleʦ]
mignolo (m) **мезенец** (м) ['mezeneʦ]
unghia (f) **пазногаць** (м) [paz'nɔɦaʦʲ]

pugno (m) **кулак** (м) [ku'lak]
palmo (m) **далонь** (ж) [da'lɔnʲ]
polso (m) **запясце** (н) [za'pʲasʲʦe]
avambraccio (m) **перадплечча** (н) [perat'pleʧa]
gomito (m) **локаць** (м) ['lɔkaʦʲ]
spalla (f) **плячо** (н) [plʲa'ʧɔ]

gamba (f) **нага** (ж) [na'ɦa]
pianta (f) del piede **ступня** (ж) [stup'nʲa]
ginocchio (m) **калена** (н) [ka'lena]
polpaccio (m) **лытка** (ж) ['lɨtka]

anca (f) **сцягно** (н) [sʦʲaɦ'nɔ]
tallone (m) **пятка** (ж) ['pʲatka]

corpo (m) **цела** (н) ['ʦela]
pancia (f) **жывот** (м) [ʒɨ'vɔt]
petto (m) **грудзі** (мн) ['ɦruʣi]
seno (m) **грудзі** (мн) ['ɦruʣi]
fianco (m) **бок** (м) ['bɔk]
schiena (f) **спіна** (ж) ['spina]

zona (f) lombare **паясніца** (ж) [paʲas'niʦa]
vita (f) **талія** (ж) ['taliʲa]

ombelico (m) **пупок** (м) [pu'pɔk]
natiche (f pl) **ягадзіцы** (ж мн) ['ʲaɦaʣiʦɨ]
sedere (m) **зад** (м) ['zat]

neo (m) **радзімка** (ж) [ra'ʣimka]
voglia (f) (~ di fragola) **радзімая пляма** (ж) [ra'ʣimaʲa 'plʲama]
tatuaggio (m) **татуіроўка** (ж) [tatui'rɔwka]
cicatrice (f) **шрам** (м) ['ʃram]

63. Malattie

malattia (f)	**хвароба** (ж)	[hva'rɔba]
essere malato	**хварэць**	[hva'rɛtsʲ]
salute (f)	**здароўе** (н)	[zda'rɔwe]
raffreddore (m)	**насмарк** (м)	['nasmark]
tonsillite (f)	**ангіна** (ж)	[an'ɦina]
raffreddore (m)	**прастуда** (ж)	[pra'studa]
raffreddarsi (vr)	**прастудзіцца**	[prastu'dzitsa]
bronchite (f)	**бранхіт** (м)	[bran'hit]
polmonite (f)	**запаленне** (н) **лёгкіх**	[zapa'lenne 'lʲoɦkih]
influenza (f)	**грып** (м)	['ɦrɨp]
miope (agg)	**блізарукі**	[bliza'ruki]
presbite (agg)	**дальназоркі**	[dalʲna'zɔrki]
strabismo (m)	**касавокасць** (ж)	[kasa'vɔkastsʲ]
strabico (agg)	**касавокі**	[kasa'vɔki]
cateratta (f)	**катаракта** (ж)	[kata'rakta]
glaucoma (m)	**глаўкома** (ж)	[ɦlaw'kɔma]
ictus (m) cerebrale	**інсульт** (м)	[in'sulʲt]
attacco (m) di cuore	**інфаркт** (м)	[in'farkt]
infarto (m) miocardico	**інфаркт** (м) **міякарда**	[in'farkt miʲa'karda]
paralisi (f)	**параліч** (м)	[para'litʃ]
paralizzare (vt)	**паралізаваць**	[paraliza'vatsʲ]
allergia (f)	**алергія** (ж)	[aler'ɦiʲa]
asma (f)	**астма** (ж)	['astma]
diabete (m)	**дыябет** (м)	[dɨʲa'bet]
mal (m) di denti	**зубны боль** (м)	[zub'nɨ 'bɔlʲ]
carie (f)	**карыес** (м)	['karɨes]
diarrea (f)	**дыярэя** (ж)	[dɨʲa'rɛʲa]
stitichezza (f)	**запор** (м)	[za'pɔr]
disturbo (m) gastrico	**расстройства** (н) **страўніка**	[ras'strɔjstva 'strawnika]
intossicazione (f) alimentare	**атручванне** (н)	[a'trutʃvanne]
intossicarsi (vr)	**атруціцца**	[atru'tsitsa]
artrite (f)	**артрыт** (м)	[art'rɨt]
rachitide (f)	**рахіт** (м)	[ra'hit]
reumatismo (m)	**рэўматызм** (м)	[rɛwma'tɨzm]
aterosclerosi (f)	**атэрасклероз** (м)	[atɛraskle'rɔs]
gastrite (f)	**гастрыт** (м)	[ɦas'trɨt]
appendicite (f)	**апендыцыт** (м)	[apendɨ'tsɨt]
colecistite (f)	**халецыстыт** (м)	[haletsɨs'tɨt]

ulcera (f)	**язва** (ж)	['ʲazva]
morbillo (m)	**адзёр** (м)	[a'ʣʲor]
rosolia (f)	**краснуха** (ж)	[kras'nuha]
itterizia (f)	**жаўтуха** (ж)	[ʒaw'tuha]
epatite (f)	**гепатыт** (м)	[ɦepa'tɨt]
schizofrenia (f)	**шызафрэнія** (ж)	[ʃɨzafrɛ'niʲa]
rabbia (f)	**шаленства** (н)	[ʃa'lenstva]
nevrosi (f)	**неўроз** (м)	[new'rɔs]
commozione (f) cerebrale	**страсенне** (н) **мазгоў**	[stra'senne maz'ɦɔw]
cancro (m)	**рак** (м)	['rak]
sclerosi (f)	**склероз** (м)	[skle'rɔs]
sclerosi (f) multipla	**рассеяны склероз** (м)	[ras'seʲanɨ skle'rɔs]
alcolismo (m)	**алкагалізм** (м)	[alkaɦa'lizm]
alcolizzato (m)	**алкаголік** (м)	[alka'ɦɔlik]
sifilide (f)	**сіфіліс** (м)	['sifilis]
AIDS (m)	**СНІД** (м)	['snit]
tumore (m)	**пухліна** (ж)	[puh'lina]
maligno (agg)	**злаякасная**	[zla'ʲakasnaʲa]
benigno (agg)	**дабраякасная**	[dabra'ʲakasnaʲa]
febbre (f)	**ліхаманка** (ж)	[liha'manka]
malaria (f)	**малярыя** (ж)	[malʲa'rɨʲa]
cancrena (f)	**гангрэна** (ж)	[ɦan'ɦrɛna]
mal (m) di mare	**марская хвароба** (ж)	[mar'skaʲa hva'rɔba]
epilessia (f)	**эпілепсія** (ж)	[ɛpi'lepsiʲa]
epidemia (f)	**эпідэмія** (ж)	[ɛpi'dɛmiʲa]
tifo (m)	**тыф** (м)	['tɨf]
tubercolosi (f)	**сухоты** (мн)	[su'hɔtɨ]
colera (m)	**халера** (ж)	[ha'lera]
peste (f)	**чума** (ж)	[ʧu'ma]

64. Sintomi. Cure. Parte 1

sintomo (m)	**сімптом** (м)	[simp'tɔm]
temperatura (f)	**тэмпература** (ж)	[tɛmpera'tura]
febbre (f) alta	**высокая тэмпература** (ж)	[vɨ'sɔkaʲa tɛmpera'tura]
polso (m)	**пульс** (м)	['pulʲs]
capogiro (m)	**галавакружэнне** (н)	[ɦalava'kruʒɛnne]
caldo (agg)	**гарачы**	[ɦa'raʧɨ]
brivido (m)	**дрыжыкі** (мн)	['drɨʒɨki]
pallido (un viso ~)	**бледны**	['blednɨ]
tosse (f)	**кашаль** (м)	['kaʃalʲ]
tossire (vi)	**кашляць**	['kaʃlʲaʦʲ]

starnutire (vi)	**чхаць**	['ʧhaʦʲ]
svenimento (m)	**непрытомнасць** (ж)	[neprɨ'tɔmnasʦʲ]
svenire (vi)	**страціць прытомнасць**	[straʦiʦ prɨ'tɔmnasʦʲ]
livido (m)	**сіняк** (м)	[si'nʲak]
bernoccolo (m)	**гуз** (м)	['ɦus]
farsi un livido	**стукнуцца**	['stuknuʦa]
contusione (f)	**выцятае месца** (н)	[vɨʦʲatae 'mesʦa]
farsi male	**выцяцца**	['vɨʦʲaʦa]
zoppicare (vi)	**кульгаць**	[kulʲ'ɦaʦʲ]
slogatura (f)	**звіх** (м)	['zʲvih]
slogarsi (vr)	**звіхнуць**	[zʲvih'nuʦʲ]
frattura (f)	**пералом** (м)	[pera'lɔm]
fratturarsi (vr)	**атрымаць пералом**	[atrɨ'maʦʲ pera'lɔm]
taglio (m)	**парэз** (м)	[pa'rɛs]
tagliarsi (vr)	**парэзацца**	[pa'rɛzaʦa]
emorragia (f)	**крывацёк** (м)	[krɨva'ʦʲok]
scottatura (f)	**апёк** (м)	[a'pʲok]
scottarsi (vr)	**апячыся**	[apʲa'ʧɨsʲa]
pungere (vt)	**укалоць**	[uka'lɔʦʲ]
pungersi (vr)	**укалоцца**	[uka'lɔʦa]
ferire (vt)	**пашкодзіць**	[paʃ'kɔʣiʦʲ]
ferita (f)	**пашкоджанне** (н)	[paʃ'kɔʤanne]
lesione (f)	**рана** (ж)	['rana]
trauma (m)	**траўма** (ж)	['trawma]
delirare (vi)	**трызніць**	['trɨzʲniʦʲ]
tartagliare (vi)	**заікацца**	[zai'kaʦa]
colpo (m) di sole	**сонечны ўдар** (м)	['sɔneʧnɨ u'dar]

65. Sintomi. Cure. Parte 2

dolore (m), male (m)	**боль** (м)	['bɔlʲ]
scheggia (f)	**стрэмка** (ж)	['strɛmka]
sudore (m)	**пот** (м)	['pɔt]
sudare (vi)	**пацець**	[pa'ʦeʦʲ]
vomito (m)	**ваніты** (мн)	[va'nitɨ]
convulsioni (f pl)	**сутаргі** (ж мн)	['sutarɦi]
incinta (agg)	**цяжарная**	[ʦʲa'ʒarnaʲa]
nascere (vi)	**нарадзіцца**	[nara'ʣiʦa]
parto (m)	**роды** (мн)	['rɔdɨ]
essere in travaglio di parto	**нараджаць**	[nara'ʤaʦʲ]
aborto (m)	**аборт** (м)	[a'bɔrt]
respirazione (f)	**дыханне** (н)	[dɨ'hanne]

inspirazione (f)	**удых** (м)	[u'dɨh]
espirazione (f)	**выдых** (м)	['vɨdɨh]
espirare (vi)	**выдыхнуць**	['vɨdɨhnuʦʲ]
inspirare (vi)	**зрабіць удых**	[zra'biʦʲ u'dɨh]
invalido (m)	**інвалід** (м)	[inva'lit]
storpio (m)	**калека** (м, ж)	[ka'leka]
drogato (m)	**наркаман** (м)	[narka'man]
sordo (agg)	**глухі**	[ɦlu'hi]
muto (agg)	**нямы**	[nʲa'mɨ]
sordomuto (agg)	**глуханямы**	[ɦluhanʲa'mɨ]
matto (agg)	**звар'яцелы**	[zvarʔʲa'ʦelɨ]
matto (m)	**вар'ят** (м)	[va'rʔʲat]
matta (f)	**вар'ятка** (ж)	[va'rʔʲatka]
impazzire (vi)	**звар'яцець**	[zvarʔʲa'ʦeʦʲ]
gene (m)	**ген** (м)	['ɦen]
immunità (f)	**імунітэт** (м)	[imuni'tɛt]
ereditario (agg)	**спадчынны**	['spaʧɨnnɨ]
innato (agg)	**прыроджаны**	[prɨ'rɔʤanɨ]
virus (m)	**вірус** (м)	['virus]
microbo (m)	**мікроб** (м)	[mik'rɔp]
batterio (m)	**бактэрыя** (ж)	[bak'tɛrɨʲa]
infezione (f)	**інфекцыя** (ж)	[in'fekʦɨʲa]

66. Sintomi. Cure. Parte 3

ospedale (m)	**бальніца** (ж)	[balʲ'niʦa]
paziente (m)	**пацыент** (м)	[paʦɨ'ent]
diagnosi (f)	**дыягназ** (м)	[dɨ'ʲaɦnas]
cura (f)	**лячэнне** (н)	[lʲa'ʧɛnne]
curarsi (vr)	**лячыцца**	[lʲa'ʧɨʦa]
curare (vt)	**лячыць**	[lʲa'ʧɨʦʲ]
accudire (un malato)	**даглядаць**	[daɦlʲa'daʦʲ]
assistenza (f)	**догляд** (м)	['dɔɦlʲat]
operazione (f)	**аперацыя** (ж)	[ape'raʦɨʲa]
bendare (vt)	**перавязаць**	[peravʲa'zaʦʲ]
fasciatura (f)	**перавязванне** (н)	[pera'vʲazvanne]
vaccinazione (f)	**прышчэпка** (ж)	[prɨ'ʃɕɛpka]
vaccinare (vt)	**рабіць прышчэпку**	[ra'biʦʲ prɨ'ʃɕɛpku]
iniezione (f)	**укол** (м)	[u'kɔl]
fare una puntura	**рабіць укол**	[ra'biʦʲ u'kɔl]
attacco (m) (~ epilettico)	**прыступ, прыпадак** (м)	[prɨstup], [prɨ'padak]
amputazione (f)	**ампутацыя** (ж)	[ampu'taʦɨʲa]

amputare (vt)	**ампутаваць**	[amputa'vatsʲ]
coma (m)	**кома** (ж)	['kɔma]
essere in coma	**быць у коме**	[bɨtsʲ u 'kɔme]
rianimazione (f)	**рэанімацыя** (ж)	[rɛani'matsɨʲa]
guarire (vi)	**папраўляцца**	[papraw'lʲatsa]
stato (f) (del paziente)	**стан** (м)	['stan]
conoscenza (f)	**прытомнасць** (ж)	[prɨ'tɔmnastsʲ]
memoria (f)	**памяць** (ж)	['pamʲatsʲ]
estrarre (~ un dente)	**вырываць**	[vɨrɨ'vatsʲ]
otturazione (f)	**пломба** (ж)	['plɔmba]
otturare (vt)	**пламбіраваць**	[plambira'vatsʲ]
ipnosi (f)	**гіпноз** (м)	[ɦip'nɔs]
ipnotizzare (vt)	**гіпнатызаваць**	[ɦipnatɨza'vatsʲ]

67. Medicinali. Farmaci. Accessori

medicina (f)	**лякарства** (н)	[lʲa'karstva]
rimedio (m)	**сродак** (м)	['srɔdak]
prescrivere (vt)	**прапісаць**	[prapi'satsʲ]
prescrizione (f)	**рэцэпт** (м)	[rɛ'tsɛpt]
compressa (f)	**таблетка** (ж)	[tab'letka]
unguento (m)	**мазь** (ж)	['masʲ]
fiala (f)	**ампула** (ж)	['ampula]
pozione (f)	**мікстура** (ж)	[miks'tura]
sciroppo (m)	**сіроп** (м)	[si'rɔp]
pillola (f)	**пілюля** (ж)	[pi'lʉlʲa]
polverina (f)	**парашок** (м)	[para'ʃɔk]
benda (f)	**бінт** (м)	['bint]
ovatta (f)	**вата** (ж)	['vata]
iodio (m)	**ёд** (м)	[ʲot]
cerotto (m)	**лейкапластыр** (м)	[lejka'plastɨr]
contagocce (m)	**піпетка** (ж)	[pi'petka]
termometro (m)	**градуснік** (м)	['ɦradusnik]
siringa (f)	**шпрыц** (м)	['ʃprɨts]
sedia (f) a rotelle	**каляска** (ж)	[ka'lʲaska]
stampelle (f pl)	**мыліцы** (ж мн)	['mɨlitsɨ]
analgesico (m)	**абязбольвальнае** (н)	[abʲaz'bɔlʲvalʲnae]
lassativo (m)	**слабіцельнае** (н)	[sla'bitselʲnae]
alcol (m)	**спірт** (м)	['spirt]
erba (f) officinale	**трава** (ж)	[tra'va]
d'erbe (infuso ~)	**травяны**	[travʲa'nɨ]

APPARTAMENTO

T&P Books Publishing

68. Appartamento

appartamento (m)	**кватэра** (ж)	[kva'tɛra]
camera (f), stanza (f)	**пакой** (м)	[pa'kɔj]
camera (f) da letto	**спальня** (ж)	['spalʲnʲa]
sala (f) da pranzo	**сталоўка** (ж)	[sta'lɔwka]
salotto (m)	**гасцёўня** (ж)	[ɦas'ʦʲownʲa]
studio (m)	**кабінет** (м)	[kabi'net]
ingresso (m)	**вітальня** (ж)	[vi'talʲnʲa]
bagno (m)	**ванны пакой** (м)	['vannɨ pa'kɔj]
gabinetto (m)	**прыбіральня** (ж)	[prɨbi'ralʲnʲa]
soffitto (m)	**столь** (ж)	['stɔlʲ]
pavimento (m)	**падлога** (ж)	[pad'lɔɦa]
angolo (m)	**кут** (м)	['kut]

69. Arredamento. Interno

mobili (m pl)	**мэбля** (ж)	['mɛblʲa]
tavolo (m)	**стол** (м)	['stɔl]
sedia (f)	**крэсла** (н)	['krɛsla]
letto (m)	**ложак** (м)	['lɔʒak]
divano (m)	**канапа** (ж)	[ka'napa]
poltrona (f)	**фатэль** (м)	[fa'tɛlʲ]
libreria (f)	**шафа** (ж)	['ʃafa]
ripiano (m)	**паліца** (ж)	[pa'liʦa]
armadio (m)	**шафа** (ж)	['ʃafa]
attaccapanni (m) da parete	**вешалка** (ж)	['veʃalka]
appendiabiti (m) da terra	**вешалка** (ж)	['veʃalka]
comò (m)	**камода** (ж)	[ka'mɔda]
tavolino (m) da salotto	**часопісны столік** (м)	[ʧa'sɔpisnɨ 'stɔlik]
specchio (m)	**люстэрка** (н)	[lʉs'tɛrka]
tappeto (m)	**дыван** (м)	[dɨ'van]
tappetino (m)	**дыванок** (м)	[dɨva'nɔk]
camino (m)	**камін** (м)	[ka'min]
candela (f)	**свечка** (ж)	['svetʃka]
candeliere (m)	**падсвечнік** (м)	[pat'svetʃnik]
tende (f pl)	**шторы** (мн)	['ʃtɔrɨ]

carta (f) da parati	**шпалеры** (ж мн)	[ʃpa'lerɨ]
tende (f pl) alla veneziana	**жалюзі** (мн)	[ʒalʉ'zi]
lampada (f) da tavolo	**настольная лямпа** (ж)	[na'stɔlʲnaʲa 'lʲampa]
lampada (f) da parete	**свяцільня** (ж)	[svʲa'ʦilʲnʲa]
lampada (f) a stelo	**таршэр** (м)	[tar'ʃɛr]
lampadario (m)	**люстра** (ж)	['lʉstra]
gamba (f)	**ножка** (ж)	['nɔʃka]
bracciolo (m)	**падлакотнік** (м)	[padla'kɔtnik]
spalliera (f)	**спінка** (ж)	['spinka]
cassetto (m)	**шуфляда** (ж)	[ʃuf'lʲada]

70. Biancheria da letto

biancheria (f) da letto	**бялізна** (ж)	[bʲa'lizna]
cuscino (m)	**падушка** (ж)	[pa'duʃka]
federa (f)	**навалочка** (ж)	[nava'lɔʧka]
coperta (f)	**коўдра** (ж)	['kɔwdra]
lenzuolo (m)	**прасціна** (ж)	[prasʲʦi'na]
copriletto (m)	**пакрывала** (н)	[pakrɨ'vala]

71. Cucina

cucina (f)	**кухня** (ж)	['kuhnʲa]
gas (m)	**газ** (м)	['ɦas]
fornello (m) a gas	**пліта** (ж) **газавая**	[pli'ta 'ɦazavaʲa]
fornello (m) elettrico	**пліта** (ж) **электрычная**	[pli'ta ɛlekt'rɨʧnaʲa]
forno (m)	**духоўка** (ж)	[du'hɔwka]
forno (m) a microonde	**мікрахвалевая печ** (ж)	[mikra'hvalevaʲa 'peʧ]
frigorifero (m)	**халадзільнік** (м)	[hala'ʣilʲnik]
congelatore (m)	**маразілка** (ж)	[mara'zilka]
lavastoviglie (f)	**пасудамыечная машына** (ж)	[pasuda'mɨeʧnaʲa ma'ʃɨna]
tritacarne (m)	**мясарубка** (ж)	[mʲasa'rupka]
spremifrutta (m)	**сокавыціскалка** (ж)	[sɔkavɨʦi'skalka]
tostapane (m)	**тостэр** (м)	['tɔstɛr]
mixer (m)	**міксер** (м)	['mikser]
macchina (f) da caffè	**кававарка** (ж)	[kava'varka]
caffettiera (f)	**кафейнік** (м)	[ka'fejnik]
macinacaffè (m)	**кавамолка** (ж)	[kava'mɔlka]
bollitore (m)	**чайнік** (м)	['ʧajnik]
teiera (f)	**імбрычак** (м)	[im'brɨʧak]
coperchio (m)	**накрыўка** (ж)	['nakrɨwka]

colino (m) da tè	**сітца** (н)	['siʦa]
cucchiaio (m)	**лыжка** (ж)	['liʃka]
cucchiaino (m) da tè	**чайная лыжка** (ж)	['ʧajnaʲa 'liʃka]
cucchiaio (m)	**сталовая лыжка** (ж)	[sta'lɔvaʲa 'liʃka]
forchetta (f)	**відэлец** (м)	[vi'dɛleʦ]
coltello (m)	**нож** (м)	['nɔʃ]
stoviglie (f pl)	**посуд** (м)	['pɔsut]
piatto (m)	**талерка** (ж)	[ta'lerka]
piattino (m)	**сподак** (м)	['spɔdak]
cicchetto (m)	**чарка** (ж)	['ʧarka]
bicchiere (m) (~ d'acqua)	**шклянка** (ж)	['ʃklʲanka]
tazzina (f)	**кубак** (м)	['kubak]
zuccheriera (f)	**цукарніца** (ж)	['ʦukarniʦa]
saliera (f)	**салянка** (ж)	[sa'lʲanka]
pepiera (f)	**перачніца** (ж)	['peraʧniʦa]
burriera (f)	**масленіца** (ж)	['masleniʦa]
pentola (f)	**рондаль** (м)	['rɔndalʲ]
padella (f)	**патэльня** (ж)	[pa'tɛlʲnʲa]
mestolo (m)	**апалонік** (м)	[apa'lɔnik]
colapasta (m)	**друшляк** (м)	[druʃ'lʲak]
vassoio (m)	**паднос** (м)	[pad'nɔs]
bottiglia (f)	**бутэлька** (ж)	[bu'tɛlʲka]
barattolo (m) di vetro	**слоік** (м)	['slɔik]
latta, lattina (f)	**бляшанка** (ж)	[blʲa'ʃanka]
apribottiglie (m)	**адкрывалка** (ж)	[atkrɨ'valka]
apriscatole (m)	**адкрывалка** (ж)	[atkrɨ'valka]
cavatappi (m)	**штопар** (м)	['ʃtɔpar]
filtro (m)	**фільтр** (м)	['filʲtr]
filtrare (vt)	**фільтраваць**	[filʲtra'vaʦʲ]
spazzatura (f)	**смецце** (н)	['smeʦe]
pattumiera (f)	**вядро** (н) **для смецця**	[vʲa'drɔ dlʲa 'smeʦʲa]

72. Bagno

bagno (m)	**ванны пакой** (м)	['vannɨ pa'kɔj]
acqua (f)	**вада** (ж)	[va'da]
rubinetto (m)	**кран** (м)	['kran]
acqua (f) calda	**гарачая вада** (ж)	[ɦa'raʧaʲa va'da]
acqua (f) fredda	**халодная вада** (ж)	[ha'lɔdnaʲa va'da]
dentifricio (m)	**зубная паста** (ж)	[zub'naʲa 'pasta]
lavarsi i denti	**чысціць зубы**	[ʧisʲʦiʦʲ zu'bɨ]
spazzolino (m) da denti	**зубная шчотка** (ж)	[zub'naʲa 'ʃɕɔtka]

rasarsi (vr)	**галіцца**	[ɦa'liʦa]
schiuma (f) da barba	**пена** (ж) **для галення**	['pena dlʲa ɦa'lennʲa]
rasoio (m)	**брытва** (ж)	['brɨtva]
lavare (vt)	**мыць**	['mɨʦʲ]
fare un bagno	**мыцца**	['mɨʦa]
doccia (f)	**душ** (м)	['duʃ]
fare una doccia	**прымаць душ**	[prɨ'maʦʲ 'duʃ]
vasca (f) da bagno	**ванна** (ж)	['vanna]
water (m)	**унітаз** (м)	[uni'tas]
lavandino (m)	**ракавіна** (ж)	['rakavina]
sapone (m)	**мыла** (н)	['mɨla]
porta (m) sapone	**мыльніца** (ж)	['mɨlʲniʦa]
spugna (f)	**губка** (ж)	['ɦupka]
shampoo (m)	**шампунь** (м)	[ʃam'punʲ]
asciugamano (m)	**ручнік** (м)	[ruʧ'nik]
accappatoio (m)	**халат** (м)	[ha'lat]
bucato (m)	**мыццё** (н)	[mɨ'ʦʲo]
lavatrice (f)	**пральная машына** (ж)	['pralʲnaʲa ma'ʃɨna]
fare il bucato	**мыць бялізну**	['mɨʦʲ bʲa'liznu]
detersivo (m) per il bucato	**пральны парашок** (м)	['pralʲnɨ para'ʃɔk]

73. Elettrodomestici

televisore (m)	**тэлевізар** (м)	[tɛle'vizar]
registratore (m) a nastro	**магнітафон** (м)	[maɦnita'fɔn]
videoregistratore (m)	**відэамагнітафон** (м)	['vidɛa maɦnita'fɔn]
radio (f)	**прыёмнік** (м)	[prɨ'ʲomnik]
lettore (m)	**плэер** (м)	['plɛer]
videoproiettore (m)	**відэапраектар** (м)	['vidɛa pra'ektar]
home cinema (m)	**хатні кінатэатр** (м)	['hatni kinatɛ'atr]
lettore (m) DVD	**прайгравальнік** (м) **DVD**	[prajɦra'valʲniɦ ʣivi'ʣi]
amplificatore (m)	**узмацняльнік** (м)	[uzmaʦ'nʲalʲnik]
console (f) video giochi	**гульнявая прыстаўка** (ж)	[ɦulʲnʲa'vaʲa prɨ'stawka]
videocamera (f)	**відэакамера** (ж)	['vidɛa 'kamera]
macchina (f) fotografica	**фотаапарат** (м)	[fɔtaapa'rat]
fotocamera (f) digitale	**лічбавы фотаапарат** (м)	['lidʒbavɨ fɔtaapa'rat]
aspirapolvere (m)	**пыласос** (м)	[pɨla'sɔs]
ferro (m) da stiro	**прас** (м)	['pras]
asse (f) da stiro	**прасавальная дошка** (ж)	[prasa'valʲnaʲa 'dɔʃka]
telefono (m)	**тэлефон** (м)	[tɛle'fɔn]
telefonino (m)	**мабільны тэлефон** (м)	[ma'bilʲnɨ tɛle'fɔn]

macchina (f) da scrivere	**машынка** (ж)	[ma'ʃɨnka]
macchina (f) da cucire	**машынка** (ж)	[ma'ʃɨnka]
microfono (m)	**мікрафон** (м)	[mikra'fɔn]
cuffia (f)	**навушнікі** (м мн)	[na'vuʃniki]
telecomando (m)	**пульт** (м)	['pulʲt]
CD (m)	**кампакт-дыск** (м)	[kam'pakt 'dɨsk]
cassetta (f)	**касета** (ж)	[ka'seta]
disco (m) (vinile)	**пласцінка** (ж)	[plas'ʦinka]

LA TERRA. TEMPO

T&P Books Publishing

74. L'Universo

cosmo (m)	**космас** (м)	['kɔsmas]
cosmico, spaziale (agg)	**касмічны**	[kas'mitʃnɨ]
spazio (m) cosmico	**касмічная прастора** (ж)	[kas'mitʃnaʲa pras'tɔra]
mondo (m)	**свет** (м)	['svet]
universo (m)	**сусвет** (м)	[sus'vet]
galassia (f)	**галактыка** (ж)	[ɦa'laktɨka]
stella (f)	**зорка** (ж)	['zɔrka]
costellazione (f)	**сузор'е** (н)	[su'zɔrˀe]
pianeta (m)	**планета** (ж)	[pla'neta]
satellite (m)	**спадарожнік** (м)	[spada'rɔʒnik]
meteorite (m)	**метэарыт** (м)	[metɛa'rɨt]
cometa (f)	**камета** (ж)	[ka'meta]
asteroide (m)	**астэроід** (м)	[astɛ'rɔit]
orbita (f)	**арбіта** (ж)	[ar'bita]
ruotare (vi)	**круціцца**	[kru'tsitsa]
atmosfera (f)	**атмасфера** (ж)	[atma'sfera]
il Sole	**Сонца** (н)	['sɔntsa]
sistema (m) solare	**Сонечная сістэма** (ж)	['sɔnetʃnaʲa sis'tɛma]
eclisse (f) solare	**сонечнае зацьменне** (н)	['sɔnetʃnae zatsʲ'menne]
la Terra	**Зямля** (ж)	[zʲam'lʲa]
la Luna	**Месяц** (м)	['mesʲats]
Marte (m)	**Марс** (м)	['mars]
Venere (f)	**Венера** (ж)	[ve'nera]
Giove (m)	**Юпітэр** (м)	[ʉ'pitɛr]
Saturno (m)	**Сатурн** (м)	[sa'turn]
Mercurio (m)	**Меркурый** (м)	[mer'kurɨj]
Urano (m)	**Уран** (м)	[u'ran]
Nettuno (m)	**Нептун** (м)	[nep'tun]
Plutone (m)	**Плутон** (м)	[plu'tɔn]
Via (f) Lattea	**Млечны Шлях** (м)	['mletʃnɨ ʃlʲah]
Orsa (f) Maggiore	**Вялікая Мядзведзіца** (ж)	[vʲa'likaʲa mʲadzj'vedzitsa]
Stella (f) Polare	**Палярная зорка** (ж)	[pa'lʲarnaʲa 'zɔrka]
marziano (m)	**марсіянін** (м)	[marsi'ʲanin]
extraterrestre (m)	**іншапланецянін** (м)	[inʃaplane'tsʲanin]

alieno (m)	**прышэлец** (м)	[prɨ'ʃɛlets]
disco (m) volante	**лятаючая талерка** (ж)	[lʲa'taʉtʃaʲa ta'lerka]
nave (f) spaziale	**касмічны карабель** (м)	[kas'mitʃnɨ kara'belʲ]
stazione (f) spaziale	**арбітальная станцыя** (ж)	[arbi'talʲnaʲa 'stantsɨʲa]
lancio (m)	**старт** (м)	['start]
motore (m)	**рухавік** (м)	[ruha'vik]
ugello (m)	**сапло** (н)	[sap'lɔ]
combustibile (m)	**паліва** (н)	['paliva]
cabina (f) di pilotaggio	**кабіна** (ж)	[ka'bina]
antenna (f)	**антэна** (ж)	[an'tɛna]
oblò (m)	**ілюмінатар** (м)	[ilʉmi'natar]
batteria (f) solare	**сонечная батарэя** (ж)	['sɔnetʃnaʲa bata'rɛʲa]
scafandro (m)	**скафандр** (м)	[ska'fandr]
imponderabilità (f)	**бязважкасць** (ж)	[bʲaz'vaʃkastsʲ]
ossigeno (m)	**кісларод** (м)	[kisla'rɔt]
aggancio (m)	**стыкоўка** (ж)	[stɨ'kɔwka]
agganciarsi (vr)	**выконваць стыкоўку**	[vɨ'kɔnvatsʲ stɨ'kɔwku]
osservatorio (m)	**абсерваторыя** (ж)	[apserva'tɔrɨʲa]
telescopio (m)	**тэлескоп** (м)	[tɛle'skɔp]
osservare (vt)	**назіраць**	[nazi'ratsʲ]
esplorare (vt)	**даследаваць**	[da'sledavatsʲ]

75. La Terra

la Terra	**Зямля** (ж)	[zʲam'lʲa]
globo (m) terrestre	**зямны шар** (м)	[zʲam'nɨ 'ʃar]
pianeta (m)	**планета** (ж)	[pla'neta]
atmosfera (f)	**атмасфера** (ж)	[atma'sfera]
geografia (f)	**геаграфія** (ж)	[ɦea'ɦrafiʲa]
natura (f)	**прырода** (ж)	[prɨ'rɔda]
mappamondo (m)	**глобус** (м)	['ɦlɔbus]
carta (f) geografica	**карта** (ж)	['karta]
atlante (m)	**атлас** (м)	[at'las]
Europa (f)	**Еўропа**	[ew'rɔpa]
Asia (f)	**Азія**	['aziʲa]
Africa (f)	**Афрыка**	['afrɨka]
Australia (f)	**Аўстралія**	[aw'straliʲa]
America (f)	**Амерыка**	[a'merɨka]
America (f) del Nord	**Паўночная Амерыка**	[paw'nɔtʃnaʲa a'merɨka]
America (f) del Sud	**Паўднёвая Амерыка**	[paw'dnʲovaʲa a'merɨka]

Antartide (f)	**Антарктыда**	[antark'tɨda]
Artico (m)	**Арктыка**	['arktɨka]

76. Punti cardinali

nord (m)	**поўнач** (ж)	['pɔwnatʃ]
a nord	**на поўнач**	[na 'pɔwnatʃ]
al nord	**на поўначы**	[na 'pɔwnatʃɨ]
del nord (agg)	**паўночны**	[paw'nɔtʃnɨ]
sud (m)	**поўдзень** (м)	['pɔwdzenʲ]
a sud	**на поўдзень**	[na 'pɔwdzenʲ]
al sud	**на поўдні**	[na 'pɔwdni]
del sud (agg)	**паўднёвы**	[paw'dnʲovɨ]
ovest (m)	**захад** (м)	['zahat]
a ovest	**на захад**	[na 'zahat]
all'ovest	**на захадзе**	[na 'zahadze]
dell'ovest, occidentale	**заходні**	[za'hɔdni]
est (m)	**усход** (м)	[w'shɔt]
a est	**на ўсход**	[na w'shɔt]
all'est	**на ўсходзе**	[na w'shɔdze]
dell'est, orientale	**усходні**	[us'hɔdni]

77. Mare. Oceano

mare (m)	**мора** (н)	['mɔra]
oceano (m)	**акіян** (м)	[aki'ʲan]
golfo (m)	**заліў** (м)	[za'liw]
stretto (m)	**праліў** (м)	[pra'liw]
terra (f) (terra firma)	**зямля, суша** (ж)	[zʲam'lʲa], ['suʃa]
continente (m)	**мацярык** (м)	[matsʲa'rɨk]
isola (f)	**востраў** (м)	['vɔstraw]
penisola (f)	**паўвостраў** (м)	[paw'vɔstraw]
arcipelago (m)	**архіпелаг** (м)	[arhipe'laɦ]
baia (f)	**бухта** (ж)	['buhta]
porto (m)	**гавань** (ж)	['ɦavanʲ]
laguna (f)	**лагуна** (ж)	[la'ɦuna]
capo (m)	**мыс** (м)	['mɨs]
atollo (m)	**атол** (м)	[a'tɔl]
scogliera (f)	**рыф** (м)	['rɨf]
corallo (m)	**карал** (м)	[ka'ral]
barriera (f) corallina	**каралавы рыф** (м)	[ka'ralavɨ 'rɨf]
profondo (agg)	**глыбокі**	[ɦlɨ'bɔki]

profondità (f)	**глыбіня** (ж)	[ɦlɨbi'nʲa]
abisso (m)	**бездань** (ж)	['bezdanʲ]
fossa (f) (~ delle Marianne)	**упадзіна** (ж)	[u'paʣina]
corrente (f)	**плынь** (ж)	['plɨnʲ]
circondare (vt)	**абмываць**	[abmɨ'vaʦʲ]
litorale (m)	**бераг** (м)	['beraɦ]
costa (f)	**узбярэжжа** (н)	[uzbʲa'rɛʑa]
alta marea (f)	**прыліў** (м)	[prɨ'liw]
bassa marea (f)	**адліў** (м)	[ad'liw]
banco (m) di sabbia	**водмель** (ж)	['vɔdmelʲ]
fondo (m)	**дно** (н)	['dnɔ]
onda (f)	**хваля** (ж)	['hvalʲa]
cresta (f) dell'onda	**грэбень** (м) **хвалі**	[ɦrɛbenʲ 'hvali]
schiuma (f)	**пена** (ж)	['pena]
tempesta (f)	**бура** (ж)	['bura]
uragano (m)	**ураган** (м)	[ura'ɦan]
tsunami (m)	**цунамі** (н)	[ʦu'nami]
bonaccia (f)	**штыль** (м)	['ʃtɨlʲ]
tranquillo (agg)	**спакойны**	[spa'kɔjnɨ]
polo (m)	**полюс** (м)	['pɔlʉs]
polare (agg)	**палярны**	[pa'lʲarni]
latitudine (f)	**шырата** (ж)	[ʃɨra'ta]
longitudine (f)	**даўгата** (ж)	[dawɦa'ta]
parallelo (m)	**паралель** (ж)	[para'lelʲ]
equatore (m)	**экватар** (м)	[ɛk'vatar]
cielo (m)	**неба** (н)	['neba]
orizzonte (m)	**гарызонт** (м)	[ɦarɨ'zɔnt]
aria (f)	**паветра** (н)	[pa'vetra]
faro (m)	**маяк** (м)	[ma'ʲak]
tuffarsi (vr)	**ныраць**	[nɨ'raʦʲ]
affondare (andare a fondo)	**затануць**	[zata'nuʦʲ]
tesori (m)	**скарбы** (м мн)	['skarbɨ]

78. Nomi dei mari e degli oceani

Oceano (m) Atlantico	**Атлантычны акіян** (м)	[atlan'tɨʧnɨ aki'ʲan]
Oceano (m) Indiano	**Індыйскі акіян** (м)	[in'dɨjski aki'ʲan]
Oceano (m) Pacifico	**Ціхі акіян** (м)	['ʦihi aki'ʲan]
mar (m) Glaciale Artico	**Паўночны Ледавіты акіян** (м)	[paw'nɔʧnɨ leda'witɨ aki'ʲan]
mar (m) Nero	**Чорнае мора** (н)	['ʧɔrnae 'mɔra]

mar (m) Rosso	**Чырвонае мора** (н)	[ʧɨr'vɔnae 'mɔra]
mar (m) Giallo	**Жоўтае мора** (н)	['ʒɔwtae 'mɔra]
mar (m) Bianco	**Белае мора** (н)	['belae 'mɔra]
mar (m) Caspio	**Каспійскае мора** (н)	[kas'pijskae 'mɔra]
mar (m) Morto	**Мёртвае мора** (н)	['mʲortvae 'mɔra]
mar (m) Mediterraneo	**Міжземнае мора** (н)	[miʒ'zemnae 'mɔra]
mar (m) Egeo	**Эгейскае мора** (н)	[ɛ'ɦejskae 'mɔra]
mar (m) Adriatico	**Адрыятычнае мора** (н)	[adrɨʲa'tɨʧnae 'mɔra]
mar (m) Arabico	**Аравійскае мора** (н)	[ara'vijskae 'mɔra]
mar (m) del Giappone	**Японскае мора** (н)	[ʲa'pɔnskae 'mɔra]
mare (m) di Bering	**Берынгава мора** (н)	['berɨnɦava 'mɔra]
mar (m) Cinese meridionale	**Паўднёва-Кітайскае мора** (н)	[paw'dnʲova ki'tajskae 'mɔra]
mar (m) dei Coralli	**Каралавае мора** (н)	[ka'ralavae 'mɔra]
mar (m) di Tasman	**Тасманава мора** (н)	[tas'manava 'mɔra]
mar (m) dei Caraibi	**Карыбскае мора** (н)	[ka'rɨpskae 'mɔra]
mare (m) di Barents	**Баранцава мора** (н)	['barantsava 'mɔra]
mare (m) di Kara	**Карскае мора** (н)	['karskae 'mɔra]
mare (m) del Nord	**Паўночнае мора** (н)	[paw'nɔʧnae 'mɔra]
mar (m) Baltico	**Балтыйскае мора** (н)	[bal'tɨjskae 'mɔra]
mare (m) di Norvegia	**Нарвежскае мора** (н)	[nar'veʃskae 'mɔra]

79. Montagne

monte (m), montagna (f)	**гара** (ж)	[ɦa'ra]
catena (f) montuosa	**горны ланцуг** (м)	['ɦɔrnɨ lan'tsuɦ]
crinale (m)	**горны хрыбет** (м)	['ɦɔrnɨ hrɨ'bet]
cima (f)	**вяршыня** (ж)	[vʲar'ʃɨnʲa]
picco (m)	**пік** (м)	['pik]
piedi (m pl)	**падножжа** (н)	[pad'nɔʐa]
pendio (m)	**схіл** (м)	['shil]
vulcano (m)	**вулкан** (м)	[vul'kan]
vulcano (m) attivo	**дзеючы вулкан** (м)	['dzeuʧɨ vul'kan]
vulcano (m) inattivo	**патухлы вулкан** (м)	[pa'tuhlɨ vul'kan]
eruzione (f)	**вывяржэнне** (н)	[vɨvʲar'ʒɛnne]
cratere (m)	**кратэр** (м)	['kratɛr]
magma (m)	**магма** (ж)	['maɦma]
lava (f)	**лава** (ж)	['lava]
fuso (lava ~a)	**распалены**	[ras'palenɨ]
canyon (m)	**каньён** (м)	[ka'njɔn]
gola (f)	**цясніна** (ж)	[tsʲas'nina]

crepaccio (m)	**цясніна** (ж)	[ts'as'nina]
precipizio (m)	**прорва** (ж), **абрыў** (м)	['prorva], [ab'riw]
passo (m), valico (m)	**перавал** (м)	[pera'val]
altopiano (m)	**плато** (н)	[pla'tɔ]
falesia (f)	**скала** (ж)	[ska'la]
collina (f)	**узгорак** (м)	[uz'ɦɔrak]
ghiacciaio (m)	**ледавік** (м)	[leda'vik]
cascata (f)	**вадаспад** (м)	[vada'spat]
geyser (m)	**гейзер** (м)	['ɦejzer]
lago (m)	**возера** (н)	['vɔzera]
pianura (f)	**раўніна** (ж)	[raw'nina]
paesaggio (m)	**краявід** (м)	[kraʲa'vit]
eco (f)	**рэха** (н)	['rɛha]
alpinista (m)	**альпініст** (м)	[alʲpi'nist]
scalatore (m)	**скалалаз** (м)	[skala'las]
conquistare (~ una cima)	**авалодваць**	[ava'lɔdvatsʲ]
scalata (f)	**узыходжанне** (н)	[uzɨ'hɔdʒanne]

80. Nomi delle montagne

Alpi (f pl)	**Альпы** (мн)	['alʲpɨ]
Monte (m) Bianco	**Манблан** (м)	[man'blan]
Pirenei (m pl)	**Пірэнеі** (мн)	[pirɛ'nei]
Carpazi (m pl)	**Карпаты** (мн)	[kar'patɨ]
gli Urali (m pl)	**Уральскія горы** (мн)	[u'ralʲskiʲa 'ɦɔrɨ]
Caucaso (m)	**Каўказ** (м)	[kaw'kas]
Monte (m) Elbrus	**Эльбрус** (м)	[ɛlʲ'brus]
Monti (m pl) Altai	**Алтай** (м)	[al'taj]
Tien Shan (m)	**Цянь-Шань** (м)	[tsʲanʲ'ʃanʲ]
Pamir (m)	**Памір** (м)	[pa'mir]
Himalaia (m)	**Гімалаі** (мн)	[ɦima'lai]
Everest (m)	**Эверэст** (м)	[ɛvɘ'rɛst]
Ande (f pl)	**Анды** (мн)	['andɨ]
Kilimangiaro (m)	**Кіліманджара** (н)	[kiliman'dʒara]

81. Fiumi

fiume (m)	**рака** (ж)	[ra'ka]
fonte (f) (sorgente)	**крыніца** (ж)	[krɨ'nitsa]
letto (m) (~ del fiume)	**рэчышча** (н)	['rɛtʃɨʃɕa]
bacino (m)	**басейн** (м)	[ba'sejn]

sfociare nel …	**упадаць у …**	[upa'datsʲ u …]
affluente (m)	**прыток** (м)	[prɨ'tɔk]
riva (f)	**бераг** (м)	['beraɦ]
corrente (f)	**плынь** (ж)	['plɨnʲ]
a valle	**уніз па цячэнню**	[u'nis pa tsʲa'ʧɛnnʉ]
a monte	**уверх па цячэнню**	[u'vɛrh pa tsʲa'ʧɛnnʉ]
inondazione (f)	**паводка** (ж)	[pa'vɔtka]
piena (f)	**разводдзе** (н)	[raz'vɔdze]
straripare (vi)	**разліваецца**	[razʲli'vatsa]
inondare (vt)	**затапляць**	[zata'plʲatsʲ]
secca (f)	**мель** (ж)	['melʲ]
rapida (f)	**парог** (м)	[pa'rɔɦ]
diga (f)	**плаціна** (ж)	[pla'tsina]
canale (m)	**канал** (м)	[ka'nal]
bacino (m) di riserva	**вадасховішча** (н)	[vadas'hɔviʃɕa]
chiusa (f)	**шлюз** (м)	['ʃlʉs]
specchio (m) d'acqua	**вадаём** (м)	[vada'ʲom]
palude (f)	**балота** (н)	[ba'lɔta]
pantano (m)	**багна** (ж)	['baɦna]
vortice (m)	**вір** (м)	['vir]
ruscello (m)	**ручай** (м)	[ru'ʧaj]
potabile (agg)	**пітны**	[pit'nɨ]
dolce (di acqua ~)	**прэсны**	['prɛsnɨ]
ghiaccio (m)	**лёд** (м)	['lʲot]
ghiacciarsi (vr)	**замерзнуць**	[za'merznutsʲ]

82. Nomi dei fiumi

Senna (f)	**Сена** (ж)	['sena]
Loira (f)	**Луара** (ж)	[lu'ara]
Tamigi (m)	**Тэмза** (ж)	['tɛmza]
Reno (m)	**Рэйн** (м)	['rɛjn]
Danubio (m)	**Дунай** (м)	[du'naj]
Volga (m)	**Волга** (ж)	['vɔlɦa]
Don (m)	**Дон** (м)	['dɔn]
Lena (f)	**Лена** (ж)	['lena]
Fiume (m) Giallo	**Хуанхэ** (н)	[huan'hɛ]
Fiume (m) Azzurro	**Янцзы** (н)	[ʲan'dzɨ]
Mekong (m)	**Меконг** (м)	[me'kɔnɦ]
Gange (m)	**Ганг** (м)	['ɦanɦ]

Nilo (m)	**Ніл** (м)	['nil]
Congo (m)	**Конга** (н)	['kɔnɦa]
Okavango	**Акаванга** (ж)	[aka'vanɦa]
Zambesi (m)	**Замбезі** (ж)	[zam'bezi]
Limpopo (m)	**Лімпапо** (ж)	[limpa'pɔ]
Mississippi (m)	**Місісіпі** (ж)	[misi'sipi]

83. Foresta

foresta (f)	**лес** (м)	['les]
forestale (agg)	**лясны**	[lʲas'nɨ]
foresta (f) fitta	**гушчар** (м)	[ɦu'ʃɕar]
boschetto (m)	**гай** (м)	['ɦaj]
radura (f)	**паляна** (ж)	[pa'lʲana]
roveto (m)	**зараснікі** (м мн)	['zarasniki]
boscaglia (f)	**хмызняк** (м)	[hmɨz'nʲak]
sentiero (m)	**сцяжынка** (ж)	[sʦʲa'ʒɨnka]
calanco (m)	**яр** (м)	[ʲar]
albero (m)	**дрэва** (н)	['drɛva]
foglia (f)	**ліст** (м)	['list]
fogliame (m)	**лістота** (ж)	[lis'tɔta]
caduta (f) delle foglie	**лістапад** (м)	[lista'pat]
cadere (vi)	**ападаць**	[apa'daʦʲ]
cima (f)	**верхавіна** (ж)	[verha'vina]
ramo (m), ramoscello (m)	**галіна** (ж)	[ɦali'na]
ramo (m)	**сук** (м)	['suk]
gemma (f)	**пупышка** (ж)	[pu'pɨʃka]
ago (m)	**шыпулька** (ж)	[ʃɨ'pulʲka]
pigna (f)	**шышка** (ж)	['ʃɨʃka]
cavità (f)	**дупло** (н)	[dup'lɔ]
nido (m)	**гняздо** (н)	[ɦnʲaz'dɔ]
tana (f) (del fox, ecc.)	**нара** (ж)	[na'ra]
tronco (m)	**ствол** (м)	['stvɔl]
radice (f)	**корань** (м)	['kɔranʲ]
corteccia (f)	**кара** (ж)	[ka'ra]
musco (m)	**мох** (м)	['mɔh]
sradicare (vt)	**карчаваць**	[karʧa'vaʦʲ]
abbattere (~ un albero)	**сячы**	[sʲa'ʧɨ]
disboscare (vt)	**высякаць**	[vɨsʲa'kaʦʲ]
ceppo (m)	**пень** (м)	['penʲ]
falò (m)	**вогнішча** (н)	['vɔɦniʃɕa]

incendio (m) boschivo	**пажар** (м)	[pa'ʒar]
spegnere (vt)	**тушыць**	[tu'ʃɨtsʲ]
guardia (f) forestale	**ляснік** (м)	[lʲas'nik]
protezione (f)	**ахова** (ж)	[a'hɔva]
proteggere (~ la natura)	**ахоўваць**	[a'hɔwvatsʲ]
bracconiere (m)	**браканьер** (м)	[braka'njer]
tagliola (f) (~ per orsi)	**пастка** (ж)	['pastka]
raccogliere (vt)	**збіраць**	[zʲbi'ratsʲ]
perdersi (vr)	**заблудзіць**	[zablu'dzitsʲ]

84. Risorse naturali

risorse (f pl) naturali	**прыродныя рэсурсы** (м мн)	[prɨ'rɔdnɨʲa rɛ'sursɨ]
minerali (m pl)	**карысныя выкапні** (м мн)	[ka'rɨsnɨʲa 'vɨkapni]
deposito (m) (~ di carbone)	**паклады** (м мн)	[pa'kladɨ]
giacimento (m) (~ petrolifero)	**радовішча** (н)	[ra'dɔviʃɕa]
estrarre (vt)	**здабываць**	[zdabɨ'vatsʲ]
estrazione (f)	**здабыча** (ж)	[zda'bɨʧa]
minerale (m) grezzo	**руда** (ж)	[ru'da]
miniera (f)	**руднік** (м)	[rud'nik]
pozzo (m) di miniera	**шахта** (ж)	['ʃahta]
minatore (m)	**шахцёр** (м)	[ʃah'tsʲor]
gas (m)	**газ** (м)	['ɦas]
gasdotto (m)	**газаправод** (м)	[ɦazapra'vɔt]
petrolio (m)	**нафта** (ж)	['nafta]
oleodotto (m)	**нафтаправод** (м)	[naftapra'vɔt]
torre (f) di estrazione	**нафтавая вышка** (ж)	['naftavaʲa 'vɨʃka]
torre (f) di trivellazione	**буравая вышка** (ж)	[bura'vaʲa 'vɨʃka]
petroliera (f)	**танкер** (м)	['tanker]
sabbia (f)	**пясок** (м)	[pʲa'sɔk]
calcare (m)	**вапняк** (м)	[vap'nʲak]
ghiaia (f)	**жвір** (м)	['ʒvir]
torba (f)	**торф** (м)	['tɔrf]
argilla (f)	**гліна** (ж)	['ɦlina]
carbone (m)	**вугаль** (м)	['vuɦalʲ]
ferro (m)	**жалеза** (н)	[ʒa'leza]
oro (m)	**золата** (н)	['zɔlata]
argento (m)	**срэбра** (н)	['srɛbra]
nichel (m)	**нікель** (м)	['nikelʲ]
rame (m)	**медзь** (ж)	['metsʲ]
zinco (m)	**цынк** (м)	['tsɨnk]

manganese (m)	**марганец** (м)	['marɦanets]
mercurio (m)	**ртуць** (ж)	['rtutsʲ]
piombo (m)	**свінец** (м)	[svi'nets]
minerale (m)	**мінерал** (м)	[mine'ral]
cristallo (m)	**крышталь** (м)	[krɨʃ'talʲ]
marmo (m)	**мармур** (м)	['marmur]
uranio (m)	**уран** (м)	[u'ran]

85. Tempo

tempo (m)	**надвор'е** (н)	[na'dvɔrʔe]
previsione (f) del tempo	**прагноз** (м) **надвор'я**	[praɦ'nɔs nad'vɔrʔʲa]
temperatura (f)	**тэмпература** (ж)	[tɛmpera'tura]
termometro (m)	**тэрмометр** (м)	[tɛr'mɔmetr]
barometro (m)	**барометр** (м)	[ba'rɔmetr]
umido (agg)	**вільготны**	[vilʲ'ɦɔtnɨ]
umidità (f)	**вільготнасць** (ж)	[vilʲ'ɦɔtnastsʲ]
caldo (m), afa (f)	**гарачыня** (ж)	[ɦaratʃɨ'nʲa]
molto caldo (agg)	**гарачы**	[ɦa'ratʃɨ]
fa molto caldo	**горача**	['ɦɔratʃa]
fa caldo	**цёпла**	['tsʲopla]
caldo, mite (agg)	**цёплы**	['tsʲopli]
fa freddo	**холадна**	['hɔladna]
freddo (agg)	**халодны**	[ha'lɔdnɨ]
sole (m)	**сонца** (н)	['sɔntsa]
splendere (vi)	**свяціць**	[svʲa'tsitsʲ]
di sole (una giornata ~)	**сонечны**	['sɔnetʃnɨ]
sorgere, levarsi (vr)	**узысці**	[uzɨs'tsi]
tramontare (vi)	**сесці**	['sesʲtsi]
nuvola (f)	**воблака** (н)	['vɔblaka]
nuvoloso (agg)	**воблачны**	['vɔblatʃnɨ]
nube (f) di pioggia	**хмара** (ж)	['hmara]
nuvoloso (agg)	**пахмурны**	[pah'murnɨ]
pioggia (f)	**дождж** (м)	['dɔʃɕ]
piove	**ідзе дождж**	[i'dze 'dɔʃɕ]
piovoso (agg)	**дажджлівы**	[daʒdʒ'livɨ]
piovigginare (vi)	**імжыць**	[im'ʒɨtsʲ]
pioggia (f) torrenziale	**прапіўны дождж** (м)	[praliw'nɨ 'dɔʃɕ]
acquazzone (m)	**лівень** (м)	['livenʲ]
forte (una ~ pioggia)	**моцны**	['mɔtsnɨ]
pozzanghera (f)	**лужына** (ж)	['luʒɨna]
bagnarsi (~ sotto la pioggia)	**мокнуць**	['mɔknutsʲ]

foschia (f), nebbia (f)	**туман** (м)	[tu'man]
nebbioso (agg)	**туманны**	[tu'mannɨ]
neve (f)	**снег** (м)	['sneɦ]
nevica	**ідзе снег**	[i'dze 'sneɦ]

86. Rigide condizioni metereologiche. Disastri naturali

temporale (m)	**навальніца** (ж)	[navalʲ'nitsa]
fulmine (f)	**маланка** (ж)	[ma'lanka]
lampeggiare (vi)	**бліскаць**	['bliskatsʲ]
tuono (m)	**гром** (м)	['ɦrɔm]
tuonare (vi)	**грымець**	[ɦrɨ'metsʲ]
tuona	**грыміць гром**	[ɦrɨ'mitsʲ 'ɦrɔm]
grandine (f)	**град** (м)	['ɦrat]
grandina	**ідзе град**	[i'dze 'ɦrat]
inondare (vt)	**затапіць**	[zata'pitsʲ]
inondazione (f)	**паводка** (ж)	[pa'vɔtka]
terremoto (m)	**землятрус** (м)	[zemlʲa'trus]
scossa (f)	**штуршок** (м)	[ʃtur'ʃɔk]
epicentro (m)	**эпіцэнтр** (м)	[ɛpi'tsɛntr]
eruzione (f)	**вывяржэнне** (н)	[vɨvʲar'ʒɛnne]
lava (f)	**лава** (ж)	['lava]
tromba (f) d'aria	**смерч** (м)	['smertʃ]
tornado (m)	**тарнада** (м)	[tar'nada]
tifone (m)	**тайфун** (м)	[taj'fun]
uragano (m)	**ураган** (м)	[ura'ɦan]
tempesta (f)	**бура** (ж)	['bura]
tsunami (m)	**цунамі** (н)	[tsu'nami]
ciclone (m)	**цыклон** (м)	[tsɨk'lɔn]
maltempo (m)	**непагадзь** (ж)	['nepaɦatsʲ]
incendio (m)	**пажар** (м)	[pa'ʒar]
disastro (m)	**катастрофа** (ж)	[kata'strɔfa]
meteorite (m)	**метэарыт** (м)	[metɛa'rɨt]
valanga (f)	**лавіна** (ж)	[la'vina]
slavina (f)	**абвал** (м)	[ab'val]
tempesta (f) di neve	**мяцеліца** (ж)	[mʲa'tselitsa]
bufera (f) di neve	**завіруха** (ж)	[zavi'ruha]

FAUNA

T&P Books Publishing

87. Mammiferi. Predatori

predatore (m)	**драпежнік** (м)	[dra'peʒnik]
tigre (f)	**тыгр** (м)	['tɨɦr]
leone (m)	**леў** (м)	['lew]
lupo (m)	**воўк** (м)	['vɔwk]
volpe (m)	**ліса** (ж)	['lisa]
giaguaro (m)	**ягуар** (м)	[ʲaɦu'ar]
leopardo (m)	**леапард** (м)	[lea'part]
ghepardo (m)	**гепард** (м)	[ɦe'part]
pantera (f)	**пантэра** (ж)	[pan'tɛra]
puma (f)	**пума** (ж)	['puma]
leopardo (m) delle nevi	**снежны барс** (м)	['sneʒnɨ 'bars]
lince (f)	**рысь** (ж)	['rɨsʲ]
coyote (m)	**каёт** (м)	[ka'ʲot]
sciacallo (m)	**шакал** (м)	[ʃa'kal]
iena (f)	**гіена** (ж)	[ɦi'ena]

88. Animali selvatici

animale (m)	**жывёліна** (ж)	[ʒɨ'vʲolina]
bestia (f)	**звер** (м)	['zʲver]
scoiattolo (m)	**вавёрка** (ж)	[va'vʲorka]
riccio (m)	**вожык** (м)	['vɔʒɨk]
lepre (f)	**заяц** (м)	['zaʲats]
coniglio (m)	**трус** (м)	['trus]
tasso (m)	**барсук** (м)	[bar'suk]
procione (f)	**янот** (м)	[ʲa'nɔt]
criceto (m)	**хамяк** (м)	[ha'mʲak]
marmotta (f)	**сурок** (м)	[su'rɔk]
talpa (f)	**крот** (м)	['krɔt]
topo (m)	**мыш** (ж)	['mɨʃ]
ratto (m)	**пацук** (м)	[pa'tsuk]
pipistrello (m)	**кажан** (м)	[ka'ʒan]
ermellino (m)	**гарнастай** (м)	[ɦarna'staj]
zibellino (m)	**собаль** (м)	['sɔbalʲ]
martora (f)	**куніца** (ж)	[ku'nitsa]

donnola (f)	**ласка** (ж)	['laska]
visone (m)	**норка** (ж)	['nɔrka]
castoro (m)	**бабёр** (м)	[ba'bʲor]
lontra (f)	**выдра** (ж)	['vɨdra]
cavallo (m)	**конь** (м)	['kɔnʲ]
alce (m)	**лось** (м)	['lɔsʲ]
cervo (m)	**алень** (м)	[a'lenʲ]
cammello (m)	**вярблюд** (м)	[vʲar'blʉt]
bisonte (m) americano	**бізон** (м)	[bi'zɔn]
bisonte (m) europeo	**зубр** (м)	['zubr]
bufalo (m)	**буйвал** (м)	['bujval]
zebra (f)	**зебра** (ж)	['zebra]
antilope (f)	**антылопа** (ж)	[antɨ'lɔpa]
capriolo (m)	**казуля** (ж)	[ka'zulʲa]
daino (m)	**лань** (ж)	['lanʲ]
camoscio (m)	**сарна** (ж)	['sarna]
cinghiale (m)	**дзік** (м)	['ʣik]
balena (f)	**кіт** (м)	['kit]
foca (f)	**цюлень** (м)	[ʦʉ'lenʲ]
tricheco (m)	**морж** (м)	['mɔrʃ]
otaria (f)	**коцік** (м)	['kɔʦik]
delfino (m)	**дэльфін** (м)	[dɛlʲ'fin]
orso (m)	**мядзведзь** (м)	[mʲaʣ'veʣʲ]
orso (m) bianco	**белы мядзведзь** (м)	['belɨ mʲaʣ'veʣʲ]
panda (m)	**панда** (ж)	['panda]
scimmia (f)	**малпа** (ж)	['malpa]
scimpanzè (m)	**шымпанзэ** (м)	[ʃɨmpan'zɛ]
orango (m)	**арангутанг** (м)	[aranɦu'tanɦ]
gorilla (m)	**гарыла** (ж)	[ɦa'rɨla]
macaco (m)	**макака** (ж)	[ma'kaka]
gibbone (m)	**гібон** (м)	[ɦi'bɔn]
elefante (m)	**слон** (м)	['slɔn]
rinoceronte (m)	**насарог** (м)	[nasa'rɔɦ]
giraffa (f)	**жырафа** (ж)	[ʒɨ'rafa]
ippopotamo (m)	**бегемот** (м)	[beɦe'mɔt]
canguro (m)	**кенгуру** (м)	[kenɦu'ru]
koala (m)	**каала** (ж)	[ka'ala]
mangusta (f)	**мангуст** (м)	[man'ɦust]
cincillà (f)	**шыншыла** (ж)	[ʃɨn'ʃɨla]
moffetta (f)	**скунс** (м)	['skuns]
istrice (m)	**дзікабраз** (м)	[ʣikab'ras]

89. Animali domestici

gatta (f)	**кошка** (ж)	['kɔʃka]
gatto (m)	**кот** (м)	['kɔt]
cane (m)	**сабака** (м)	[sa'baka]
cavallo (m)	**конь** (м)	['kɔnʲ]
stallone (m)	**жарабец** (м)	[ʒara'bets]
giumenta (f)	**кабыла** (ж)	[ka'bɨla]
mucca (f)	**карова** (ж)	[ka'rɔva]
toro (m)	**бык** (м)	['bɨk]
bue (m)	**вол** (м)	['vɔl]
pecora (f)	**авечка** (ж)	[a'vetʃka]
montone (m)	**баран** (м)	[ba'ran]
capra (f)	**каза** (ж)	[ka'za]
caprone (m)	**казёл** (м)	[ka'zʲol]
asino (m)	**асёл** (м)	[a'sʲol]
mulo (m)	**мул** (м)	['mul]
porco (m)	**свіння** (ж)	[svi'nnʲa]
porcellino (m)	**парася** (н)	[para'sʲa]
coniglio (m)	**трус** (м)	['trus]
gallina (f)	**курыца** (ж)	['kurɨtsa]
gallo (m)	**певень** (м)	['pevenʲ]
anatra (f)	**качка** (ж)	['katʃka]
maschio (m) dell'anatra	**качар** (м)	['katʃar]
oca (f)	**гусь** (ж)	['ɦusʲ]
tacchino (m)	**індык** (м)	[in'dɨk]
tacchina (f)	**індычка** (ж)	[in'dɨtʃka]
animali (m pl) domestici	**свойская жывёла** (ж)	[svɔjskaʲa ʒɨ'vʲola]
addomesticato (agg)	**ручны**	[rutʃ'nɨ]
addomesticare (vt)	**прыручаць**	[prɨru'tʃatsʲ]
allevare (vt)	**выгадоўваць**	[vɨɦa'dɔwvatsʲ]
fattoria (f)	**ферма** (ж)	['ferma]
pollame (m)	**свойская птушка** (ж)	['svɔjskaʲa 'ptuʃka]
bestiame (m)	**жывёла** (ж)	[ʒɨ'vʲola]
branco (m), mandria (f)	**статак** (м)	['statak]
scuderia (f)	**стайня** (ж)	['stajnʲa]
porcile (m)	**свінарнік** (м)	[svi'narnik]
stalla (f)	**кароўнік** (м)	[ka'rɔwnik]
conigliera (f)	**трусятнік** (м)	[tru'sʲatnik]
pollaio (m)	**куратнік** (м)	[ku'ratnik]

90. Uccelli

uccello (m)	**птушка** (ж)	['ptuʃka]
colombo (m), piccione (m)	**голуб** (м)	['ɦɔlup]
passero (m)	**верабей** (м)	[vera'bej]
cincia (f)	**сініца** (ж)	[si'niʦa]
gazza (f)	**сарока** (ж)	[sa'rɔka]
corvo (m)	**крумкач** (м)	[krum'katʃ]
cornacchia (f)	**варона** (ж)	[va'rɔna]
taccola (f)	**галка** (ж)	['ɦalka]
corvo (m) nero	**грак** (м)	['ɦrak]
anatra (f)	**качка** (ж)	['katʃka]
oca (f)	**гусь** (ж)	['ɦusʲ]
fagiano (m)	**фазан** (м)	[fa'zan]
aquila (f)	**арол** (м)	[a'rɔl]
astore (m)	**ястраб** (м)	['ʲastrap]
falco (m)	**сокал** (м)	['sɔkal]
grifone (m)	**грыф** (м)	['ɦrɨf]
condor (m)	**кондар** (м)	['kɔndar]
cigno (m)	**лебедзь** (м)	['lebeʦʲ]
gru (f)	**журавель** (м)	[ʒura'velʲ]
cicogna (f)	**бусел** (м)	['busel]
pappagallo (m)	**папугай** (м)	[papu'ɦaj]
colibrì (m)	**калібры** (м)	[ka'librɨ]
pavone (m)	**паўлін** (м)	[paw'lin]
struzzo (m)	**страус** (м)	['straus]
airone (m)	**чапля** (ж)	['ʧaplʲa]
fenicottero (m)	**фламінга** (м)	[fla'minɦa]
pellicano (m)	**пелікан** (м)	[peli'kan]
usignolo (m)	**салавей** (м)	[sala'vej]
rondine (f)	**ластаўка** (ж)	['lastawka]
tordo (m)	**дрозд** (м)	['drɔst]
tordo (m) sasello	**пеўчы дрозд** (м)	['pewʧɨ 'drɔst]
merlo (m)	**чорны дрозд** (м)	['ʧɔrnɨ 'drɔst]
rondone (m)	**стрыж** (м)	['strɨʃ]
allodola (f)	**жаваранак** (м)	['ʒavaranak]
quaglia (f)	**перапёлка** (ж)	[pera'pʲolka]
picchio (m)	**дзяцел** (м)	['ʣʲaʦel]
cuculo (m)	**зязюля** (ж)	[zʲa'zʉlʲa]
civetta (f)	**сава** (ж)	[sa'va]
gufo (m) reale	**пугач** (м)	[pu'ɦaʧ]

urogallo (m)	**глушэц** (м)	[ɦlu'ʃɛʦ]
fagiano (m) di monte	**цецярук** (м)	[ʦeʦʲa'ruk]
pernice (f)	**курапатка** (ж)	[kura'patka]
storno (m)	**шпак** (м)	['ʃpak]
canarino (m)	**канарэйка** (ж)	[kana'rɛjka]
francolino (m) di monte	**рабчык** (м)	['rapʧɨk]
fringuello (m)	**зяблік** (м)	['zʲablik]
ciuffolotto (m)	**гіль** (м)	['ɦilʲ]
gabbiano (m)	**чайка** (ж)	['ʧajka]
albatro (m)	**альбатрос** (м)	[alʲbat'rɔs]
pinguino (m)	**пінгвін** (м)	[pinɦ'vin]

91. Pesci. Animali marini

abramide (f)	**лешч** (м)	['leʃɕ]
carpa (f)	**карп** (м)	['karp]
perca (f)	**акунь** (м)	[a'kunʲ]
pesce (m) gatto	**сом** (м)	['sɔm]
luccio (m)	**шчупак** (м)	[ʃɕu'pak]
salmone (m)	**ласось** (м)	[la'sɔsʲ]
storione (m)	**асетр** (м)	[a'setr]
aringa (f)	**селядзец** (м)	[selʲa'ʣeʦ]
salmone (m)	**сёмга** (ж)	['sʲomɦa]
scombro (m)	**скумбрыя** (ж)	['skumbrɨʲa]
sogliola (f)	**камбала** (ж)	['kambala]
lucioperca (f)	**судак** (м)	[su'dak]
merluzzo (m)	**траска** (ж)	[tras'ka]
tonno (m)	**тунец** (м)	[tu'neʦ]
trota (f)	**стронга** (ж)	['strɔnɦa]
anguilla (f)	**вугор** (м)	[vu'ɦɔr]
torpedine (f)	**электрычны скат** (м)	[ɛlekt'rɨʧnɨ 'skat]
murena (f)	**мурэна** (ж)	[mu'rɛna]
piranha (f)	**піранння** (ж)	[pi'rannʲa]
squalo (m)	**акула** (ж)	[a'kula]
delfino (m)	**дэльфін** (м)	[dɛlʲ'fin]
balena (f)	**кіт** (м)	['kit]
granchio (m)	**краб** (м)	['krap]
medusa (f)	**медуза** (ж)	[me'duza]
polpo (m)	**васьміног** (м)	[vasʲmi'nɔɦ]
stella (f) marina	**марская зорка** (ж)	[mar'skaʲa 'zɔrka]
riccio (m) di mare	**марскі вожык** (м)	[mar'ski 'vɔʒɨk]

cavalluccio (m) marino	**марскі конік** (м)	[mar'ski 'kɔnik]
ostrica (f)	**вустрыца** (ж)	['vustrɨʦa]
gamberetto (m)	**крэветка** (ж)	[krɛ'vetka]
astice (m)	**амар** (м)	[a'mar]
aragosta (f)	**лангуст** (м)	[lan'ɦust]

92. Anfibi. Rettili

serpente (m)	**змяя** (ж)	[zmæ'ʲa]
velenoso (agg)	**ядавіты**	[ʲada'vitɨ]
vipera (f)	**гадзюка** (ж)	[ɦa'ʣʉka]
cobra (m)	**кобра** (ж)	['kɔbra]
pitone (m)	**пітон** (м)	[pi'tɔn]
boa (m)	**удаў** (м)	[u'daw]
biscia (f)	**вуж** (м)	['vuʃ]
serpente (m) a sonagli	**грымучая змяя** (ж)	[ɦrɨ'muʧaʲa zmæ'ʲa]
anaconda (f)	**анаконда** (ж)	[ana'kɔnda]
lucertola (f)	**яшчарка** (ж)	['ʲaʃɕarka]
iguana (f)	**ігуана** (ж)	[iɦu'ana]
varano (m)	**варан** (м)	[va'ran]
salamandra (f)	**саламандра** (ж)	[sala'mandra]
camaleonte (m)	**хамелеон** (м)	[hamele'ɔn]
scorpione (m)	**скарпіён** (м)	[skarpi'ʲon]
tartaruga (f)	**чарапаха** (ж)	[ʧara'paha]
rana (f)	**жаба** (ж)	['ʒaba]
rospo (m)	**рапуха** (ж)	[ra'puha]
coccodrillo (m)	**кракадзіл** (м)	[kraka'ʣil]

93. Insetti

insetto (m)	**насякомае** (н)	[nasʲa'kɔmae]
farfalla (f)	**матылёк** (м)	[matɨ'lʲok]
formica (f)	**мурашка** (ж)	[mu'raʃka]
mosca (f)	**муха** (ж)	['muha]
zanzara (f)	**камар** (м)	[ka'mar]
scarabeo (m)	**жук** (м)	['ʒuk]
vespa (f)	**аса** (ж)	[a'sa]
ape (f)	**пчала** (ж)	[pʧa'la]
bombo (m)	**чмель** (м)	['ʧmelʲ]
tafano (m)	**авадзень** (м)	[ava'ʣenʲ]
ragno (m)	**павук** (м)	[pa'vuk]
ragnatela (f)	**павуціна** (ж)	[pavu'ʦina]

libellula (f)	**страказа** (ж)	[straka'za]
cavalletta (f)	**конік** (м)	['kɔnik]
farfalla (f) notturna	**матыль** (м)	[ma'tɨlʲ]
scarafaggio (m)	**таракан** (м)	[tara'kan]
zecca (f)	**клешч** (м)	['kleʃɕ]
pulce (f)	**блыха** (ж)	[blɨ'ha]
moscerino (m)	**мошка** (ж)	['mɔʃka]
locusta (f)	**саранча** (ж)	[saran'ʧa]
lumaca (f)	**слімак** (м)	[sli'mak]
grillo (m)	**цвыркун** (м)	[ʦvɨr'kun]
lucciola (f)	**светлячок** (м)	[svetlʲa'ʧɔk]
coccinella (f)	**божая кароўка** (ж)	[bɔʒaʲa ka'rɔwka]
maggiolino (m)	**хрушч** (м)	['hruʃɕ]
sanguisuga (f)	**п'яўка** (ж)	['pʔʲawka]
bruco (m)	**вусень** (м)	['vusenʲ]
verme (m)	**чарвяк** (м)	[ʧar'vʲak]
larva (f)	**чарвяк** (м)	[ʧar'vʲak]

FLORA

T&P Books Publishing

94. Alberi

albero (m)	**дрэва** (н)	['drɛva]
deciduo (agg)	**ліставое**	[lista'vɔe]
conifero (agg)	**хвойнае**	['hvɔjnae]
sempreverde (agg)	**вечназялёнае**	[veʧnazʲa'lʲonae]
melo (m)	**яблыня** (ж)	['ʲablɨnʲa]
pero (m)	**груша** (ж)	['ɦruʃa]
ciliegio (m)	**чарэшня** (ж)	[ʧa'rɛʃnʲa]
amareno (m)	**вішня** (ж)	['viʃnʲa]
prugno (m)	**сліва** (ж)	['sliva]
betulla (f)	**бяроза** (ж)	[bʲa'rɔza]
quercia (f)	**дуб** (м)	['dup]
tiglio (m)	**ліпа** (ж)	['lipa]
pioppo (m) tremolo	**асіна** (ж)	[a'sina]
acero (m)	**клён** (м)	['klʲon]
abete (m)	**елка** (ж)	['elka]
pino (m)	**сасна** (ж)	[sas'na]
larice (m)	**лістоўніца** (ж)	[lis'tɔwniʦa]
abete (m) bianco	**піхта** (ж)	['pihta]
cedro (m)	**кедр** (м)	['kedr]
pioppo (m)	**таполя** (ж)	[ta'pɔlʲa]
sorbo (m)	**рабіна** (ж)	[ra'bina]
salice (m)	**вярба** (ж)	[vʲar'ba]
alno (m)	**вольха** (ж)	['vɔlʲha]
faggio (m)	**бук** (м)	['buk]
olmo (m)	**вяз** (м)	['vʲas]
frassino (m)	**ясень** (м)	['ʲasenʲ]
castagno (m)	**каштан** (м)	[kaʃ'tan]
magnolia (f)	**магнолія** (ж)	[maɦ'nɔliʲa]
palma (f)	**пальма** (ж)	['palʲma]
cipresso (m)	**кіпарыс** (м)	[kipa'rɨs]
mangrovia (f)	**мангравае дрэва** (н)	['manɦravae 'drɛva]
baobab (m)	**баабаб** (м)	[baa'bap]
eucalipto (m)	**эўкаліпт** (м)	[ɛwka'lipt]
sequoia (f)	**секвоя** (ж)	[sek'vɔʲa]

95. Arbusti

cespuglio (m)	**куст** (м)	['kust]
arbusto (m)	**хмызняк** (м)	[hmɨz'nʲak]
vite (f)	**вінаград** (м)	[vina'ɦrat]
vigneto (m)	**вінаграднік** (м)	[vina'ɦradnik]
lampone (m)	**маліны** (ж мн)	[ma'linɨ]
ribes (m) nero	**чорная парэчка** (ж)	['ʧornaʲa pa'rɛʧka]
ribes (m) rosso	**чырвоная парэчка** (ж)	[ʧɨr'vɔnaʲa pa'rɛʧka]
uva (f) spina	**агрэст** (м)	[aɦ'rɛst]
acacia (f)	**акацыя** (ж)	[a'kaʦɨʲa]
crespino (m)	**барбарыс** (м)	[barba'rɨs]
gelsomino (m)	**язмін** (м)	[ʲaz'min]
ginepro (m)	**ядловец** (м)	[ʲad'lɔveʦ]
roseto (m)	**ружавы куст** (м)	['ruʒavɨ kust]
rosa (f) canina	**шыпшына** (ж)	[ʃɨp'ʃɨna]

96. Frutti. Bacche

frutto (m)	**фрукт, плод** (м)	['frukt], [plot]
frutti (m pl)	**садавіна** (ж)	[sada'vina]
mela (f)	**яблык** (м)	['ʲablɨk]
pera (f)	**груша** (ж)	['ɦruʃa]
prugna (f)	**сліва** (ж)	['sliva]
fragola (f)	**клубніцы** (ж мн)	[klub'niʦɨ]
amarena (f)	**вішня** (ж)	['viʃnʲa]
ciliegia (f)	**чарэшня** (ж)	[ʧa'rɛʃnʲa]
uva (f)	**вінаград** (м)	[vina'ɦrat]
lampone (m)	**маліны** (ж мн)	[ma'linɨ]
ribes (m) nero	**чорныя парэчкі** (ж мн)	['ʧornɨʲa pa'rɛʧki]
ribes (m) rosso	**чырвоныя парэчкі** (ж мн)	[ʧɨr'vɔnɨʲa pa'rɛʧki]
uva (f) spina	**агрэст** (м)	[aɦ'rɛst]
mirtillo (m) di palude	**журавіны** (ж мн)	[ʒura'vinɨ]
arancia (f)	**апельсін** (м)	[apelʲ'sin]
mandarino (m)	**мандарын** (м)	[manda'rɨn]
ananas (m)	**ананас** (м)	[ana'nas]
banana (f)	**банан** (м)	[ba'nan]
dattero (m)	**фінік** (м)	['finik]
limone (m)	**лімон** (м)	[li'mɔn]
albicocca (f)	**абрыкос** (м)	[abrɨ'kɔs]
pesca (f)	**персік** (м)	['persik]

kiwi (m)	**ківі** (м)	['kivi]
pompelmo (m)	**грэйпфрут** (м)	[ɦrɛjp'frut]
bacca (f)	**ягада** (ж)	['ʲaɦada]
bacche (f pl)	**ягады** (ж мн)	['ʲaɦadɨ]
mirtillo (m) rosso	**брусніцы** (ж мн)	[brus'nitsɨ]
fragola (f) di bosco	**суніцы** (ж мн)	[su'nitsɨ]
mirtillo (m)	**чарніцы** (ж мн)	[ʧar'nitsɨ]

97. Fiori. Piante

fiore (m)	**кветка** (ж)	['kvetka]
mazzo (m) di fiori	**букет** (м)	[bu'ket]
rosa (f)	**ружа** (ж)	['ruʒa]
tulipano (m)	**цюльпан** (м)	[tsʉlʲ'pan]
garofano (m)	**гваздзік** (м)	[ɦvazʲ'dzik]
gladiolo (m)	**гладыёлус** (м)	[ɦladɨ'ʲolus]
fiordaliso (m)	**валошка** (ж)	[va'lɔʃka]
campanella (f)	**званочак** (м)	[zva'nɔʧak]
soffione (m)	**дзьмухавец** (м)	[tsʲmuha'vets]
camomilla (f)	**рамонак** (м)	[ra'mɔnak]
aloe (m)	**альяс** (м)	[a'lʲas]
cactus (m)	**кактус** (м)	['kaktus]
ficus (m)	**фікус** (м)	['fikus]
giglio (m)	**лілея** (ж)	[li'leʲa]
geranio (m)	**герань** (ж)	[ɦe'ranʲ]
giacinto (m)	**гіяцынт** (м)	[ɦiʲa'tsɨnt]
mimosa (f)	**мімоза** (ж)	[mi'mɔza]
narciso (m)	**нарцыс** (м)	[nar'tsɨs]
nasturzio (m)	**настурка** (ж)	[na'sturka]
orchidea (f)	**архідэя** (ж)	[arhi'dɛʲa]
peonia (f)	**півоня** (ж)	[pi'vɔnʲa]
viola (f)	**фіялка** (ж)	[fi'ʲalka]
viola (f) del pensiero	**браткі** (мн)	['bratki]
nontiscordardimé (m)	**незабудка** (ж)	[neza'butka]
margherita (f)	**маргарытка** (ж)	[marɦa'rɨtka]
papavero (m)	**мак** (м)	['mak]
canapa (f)	**каноплі** (мн)	[ka'nɔpli]
menta (f)	**мята** (ж)	['mʲata]
mughetto (m)	**ландыш** (м)	['landɨʃ]
bucaneve (m)	**падснежнік** (м)	[pat'sneʒnik]

ortica (f)	**крапіва** (ж)	[krapi'va]
acetosa (f)	**шчаўе** (н)	['ʃɕawe]
ninfea (f)	**гарлачык** (м)	[ɦar'latʃɨk]
felce (f)	**папараць** (ж)	['paparatsʲ]
lichene (m)	**лішайнік** (м)	[li'ʃajnik]
serra (f)	**аранжарэя** (ж)	[aranʒa'rɛʲa]
prato (m) erboso	**газон** (м)	[ɦa'zɔn]
aiuola (f)	**клумба** (ж)	['klumba]
pianta (f)	**расліна** (ж)	[ras'lina]
erba (f)	**трава** (ж)	[tra'va]
filo (m) d'erba	**травінка** (ж)	[tra'vinka]
foglia (f)	**ліст** (м)	['list]
petalo (m)	**пялёстак** (м)	[pʲa'lʲostak]
stelo (m)	**сцябло** (н)	[stsʲab'lɔ]
tubero (m)	**клубень** (м)	['klubenʲ]
germoglio (m)	**расток** (м)	[ras'tɔk]
spina (f)	**калючка** (ж)	[ka'lʉtʃka]
fiorire (vi)	**цвісці**	[tsʲvis'tsi]
appassire (vi)	**вянуць**	['vʲanutsʲ]
odore (m), profumo (m)	**пах** (м)	['pah]
tagliare (~ i fiori)	**зразаць**	[zra'zatsʲ]
cogliere (vt)	**сарваць**	[sar'vatsʲ]

98. Cereali, granaglie

grano (m)	**зерне** (н)	['zerne]
cereali (m pl)	**зерневыя расліны** (ж мн)	[zernevɨʲa ra'slinɨ]
spiga (f)	**колас** (м)	['kɔlas]
frumento (m)	**пшаніца** (ж)	[pʃa'nitsa]
segale (f)	**жыта** (н)	['ʒɨta]
avena (f)	**авёс** (м)	[a'vʲos]
miglio (m)	**проса** (н)	['prɔsa]
orzo (m)	**ячмень** (м)	[ʲatʃ'menʲ]
mais (m)	**кукуруза** (ж)	[kuku'ruza]
riso (m)	**рыс** (м)	['rɨs]
grano (m) saraceno	**грэчка** (ж)	['ɦrɛtʃka]
pisello (m)	**гарох** (м)	[ɦa'rɔh]
fagiolo (m)	**фасоля** (ж)	[fa'sɔlʲa]
soia (f)	**соя** (ж)	['sɔʲa]
lenticchie (f pl)	**сачавіца** (ж)	[satʃa'vitsa]
fave (f pl)	**боб** (м)	['bɔp]

PAESI

T&P Books Publishing

99. Paesi. Parte 1

Afghanistan (m)	**Афганістан**	[afɦani'stan]
Albania (f)	**Албанія**	[al'baniʲa]
Arabia Saudita (f)	**Саудаўская Аравія**	[sa'udawskaʲa a'rawiʲa]
Argentina (f)	**Аргенціна**	[arɦen'ʦina]
Armenia (f)	**Арменія**	[ar'meniʲa]
Australia (f)	**Аўстралія**	[aw'straliʲa]
Austria (f)	**Аўстрыя**	['awstrɨʲa]
Azerbaigian (m)	**Азербайджан**	[azerbaj'ʤan]
Le Bahamas	**Багамскія астравы**	[ba'ɦamskiʲa astra'vɨ]
Bangladesh (m)	**Бангладэш**	[banɦla'dɛʃ]
Belgio (m)	**Бельгія**	['belʲɦiʲa]
Bielorussia (f)	**Беларусь**	[bela'rusʲ]
Birmania (f)	**М'янма**	['mʔʲanma]
Bolivia (f)	**Балівія**	[ba'liviʲa]
Bosnia-Erzegovina (f)	**Боснія і Герцагавіна**	['bɔsniʲa i ɦerʦaɦa'vina]
Brasile (m)	**Бразілія**	[bra'ziliʲa]
Bulgaria (f)	**Балгарыя**	[bal'ɦarɨʲa]
Cambogia (f)	**Камбоджа**	[kam'bɔʤa]
Canada (m)	**Канада**	[ka'nada]
Cile (m)	**Чылі**	['ʧɨli]
Cina (f)	**Кітай**	[ki'taj]
Cipro (m)	**Кіпр**	['kipr]
Colombia (f)	**Калумбія**	[ka'lumbiʲa]
Corea (f) del Nord	**Паўночная Карэя**	[paw'nɔʧnaʲa ka'rɛʲa]
Corea (f) del Sud	**Паўднёвая Карэя**	[paw'dnʲovaʲa ka'rɛʲa]
Croazia (f)	**Харватыя**	[har'vatɨʲa]
Cuba (f)	**Куба**	['kuba]
Danimarca (f)	**Данія**	['daniʲa]
Ecuador (m)	**Эквадор**	[ɛkva'dɔr]
Egitto (m)	**Егіпет**	[e'ɦipet]
Emirati (m pl) Arabi	**Аб'яднаныя Арабскія Эміраты**	[abʔʲad'nanɨʲa a'rapskiʲa ɛmi'ratɨ]
Estonia (f)	**Эстонія**	[ɛs'tɔniʲa]
Finlandia (f)	**Фінляндыя**	[fin'lʲandɨʲa]
Francia (f)	**Францыя**	['franʦɨʲa]

100. Paesi. Parte 2

Georgia (f)	**Грузія**	['ɦruziʲa]
Germania (f)	**Германія**	[ɦer'maniʲa]

Ghana (m)	**Гана**	['ɦana]
Giamaica (f)	**Ямайка**	[ʲa'majka]
Giappone (m)	**Японія**	[ʲa'pɔniʲa]
Giordania (f)	**Іарданія**	[iar'daniʲa]
Gran Bretagna (f)	**Вялікабрытанія**	[vʲalikabrɨ'taniʲa]
Grecia (f)	**Грэцыя**	['ɦrɛʦɨʲa]
Haiti (m)	**Гаіці**	[ɦa'iʦi]
India (f)	**Індыя**	['indɨʲa]
Indonesia (f)	**Інданезія**	[inda'neziʲa]
Inghilterra (f)	**Англія**	['anɦliʲa]
Iran (m)	**Іран**	[i'ran]
Iraq (m)	**Ірак**	[i'rak]
Irlanda (f)	**Ірландыя**	[ir'landɨʲa]
Islanda (f)	**Ісландыя**	[is'landɨʲa]
Israele (m)	**Ізраіль**	[iz'railʲ]
Italia (f)	**Італія**	[i'taliʲa]
Kazakistan (m)	**Казахстан**	[kazah'stan]
Kenya (m)	**Кенія**	['keniʲa]
Kirghizistan (m)	**Кыргызстан**	[kɨrɦɨ'stan]
Kuwait (m)	**Кувейт**	[ku'vejt]
Laos (m)	**Лаос**	[la'ɔs]
Lettonia (f)	**Латвія**	['latviʲa]
Libano (m)	**Ліван**	[li'van]
Libia (f)	**Лівія**	['liviʲa]
Liechtenstein (m)	**Ліхтэнштэйн**	[lihtɛn'ʃtɛjn]
Lituania (f)	**Літва**	[lit'va]
Lussemburgo (m)	**Люксембург**	[lʉksem'burɦ]
Macedonia (f)	**Македонія**	[make'dɔniʲa]
Madagascar (m)	**Мадагаскар**	[madaɦas'kar]
Malesia (f)	**Малайзія**	[ma'lajziʲa]
Malta (f)	**Мальта**	['malʲta]
Marocco (m)	**Марока**	[ma'rɔka]
Messico (m)	**Мексіка**	['meksika]
Moldavia (f)	**Малдова**	[mal'dɔva]
Monaco (m)	**Манака**	[ma'naka]
Mongolia (f)	**Манголія**	[man'ɦɔliʲa]
Montenegro (m)	**Чарнагорыя**	[ʧarna'ɦɔrɨʲa]
Namibia (f)	**Намібія**	[na'mibiʲa]
Nepal (m)	**Непал**	[ne'pal]
Norvegia (f)	**Нарвегія**	[nar'veɦiʲa]
Nuova Zelanda (f)	**Новая Зеландыя**	['nɔvaʲa ze'landɨʲa]

101. Paesi. Parte 3

Paesi Bassi (m pl)	**Нідэрланды**	[nidɛr'landɨ]
Pakistan (m)	**Пакістан**	[paki'stan]

Palestina (f)	**Палесцінская аўтаномія**	[pales'ʦinskaʲa awta'nɔmiʲa]
Panama (m)	**Панама**	[pa'nama]
Paraguay (m)	**Парагвай**	[paraɦ'vaj]
Perù (m)	**Перу**	[pe'ru]
Polinesia (f) Francese	**Французская Палінезія**	[fran'ʦuskaʲa pali'neziʲa]
Polonia (f)	**Польшча**	['pɔlʲʃɕa]
Portogallo (f)	**Партугалія**	[partu'ɦaliʲa]
Repubblica (f) Ceca	**Чэхія**	['ʧɛhiʲa]
Repubblica (f) Dominicana	**Дамініканская Рэспубліка**	[damini'kanskaʲa rɛs'publika]
Repubblica (f) Sudafricana	**Паўднёва-Афрыканская Рэспубліка**	[paw'dnʲova afrɨ'kanskaʲa rɛs'publika]
Romania (f)	**Румынія**	[ru'mɨniʲa]
Russia (f)	**Расія**	[ra'siʲa]
Scozia (f)	**Шатландыя**	[ʃat'landɨʲa]
Senegal (m)	**Сенегал**	[sene'ɦal]
Serbia (f)	**Сербія**	['serbiʲa]
Siria (f)	**Сірыя**	['sirɨʲa]
Slovacchia (f)	**Славакія**	[sla'vakiʲa]
Slovenia (f)	**Славенія**	[sla'veniʲa]
Spagna (f)	**Іспанія**	[is'paniʲa]
Stati (m pl) Uniti d'America	**Злучаныя Штаты Амерыкі**	[zluʧanɨʲa ʃ'tatɨ a'merɨki]
Suriname (m)	**Сурынам**	[surɨ'nam]
Svezia (f)	**Швецыя**	['ʃveʦɨʲa]
Svizzera (f)	**Швейцарыя**	[ʃvej'ʦarɨʲa]
Tagikistan (m)	**Таджыкістан**	[taʤɨki'stan]
Tailandia (f)	**Тайланд**	[taj'lant]
Taiwan (m)	**Тайвань**	[taj'vanʲ]
Tanzania (f)	**Танзанія**	[tan'zaniʲa]
Tasmania (f)	**Тасманія**	[tas'maniʲa]
Tunisia (f)	**Туніс**	[tu'nis]
Turchia (f)	**Турцыя**	['turʦɨʲa]
Turkmenistan (m)	**Туркменістан**	[turkmeni'stan]
Ucraina (f)	**Украіна**	[ukra'ina]
Ungheria (f)	**Венгрыя**	['venɦrɨʲa]
Uruguay (m)	**Уругвай**	[uruɦ'vaj]
Uzbekistan (m)	**Узбекістан**	[uzʲbeki'stan]
Vaticano (m)	**Ватыкан**	[vatɨ'kan]
Venezuela (f)	**Венесуэла**	[venesu'ɛla]
Vietnam (m)	**В'етнам**	[vʔet'nam]
Zanzibar	**Занзібар**	[zanzi'bar]

DIZIONARIO GASTRONOMICO

Questa sezione contiene molti vocaboli e termini collegati ai generi alimentari. Questo dizionario renderà più facile la comprensione del menù al ristorante per scegliere il piatto che più vi piace

T&P Books Publishing

Italiano-Bielorusso dizionario gastronomico

abramide (f)	**лешч** (м)	['leʃɕ]
aceto (m)	**воцат** (м)	['vɔʦat]
acqua (f)	**вада** (ж)	[va'da]
acqua (f) minerale	**мінеральная вада** (ж)	[mine'ralʲnaʲa va'da]
acqua (f) potabile	**пітная вада** (ж)	[pit'naʲa va'da]
affumicato	**вэнджаны**	['vɛnʤanɨ]
aglio (m)	**часнок** (м)	[ʧas'nɔk]
agnello (m)	**бараніна** (ж)	[ba'ranina]
al cioccolato	**шакаладны**	[ʃaka'ladnɨ]
albicocca (f)	**абрыкос** (м)	[abrɨ'kɔs]
albume (m)	**бялок** (м)	[bʲa'lɔk]
alloro (m)	**лаўровы ліст** (м)	[law'rɔvɨ 'list]
amarena (f)	**вішня** (ж)	['viʃnʲa]
amaro	**горкі**	['ɦɔrki]
analcolico	**безалкагольны**	[bezalka'ɦɔlʲnɨ]
ananas (m)	**ананас** (м)	[ana'nas]
anatra (f)	**качка** (ж)	['kaʧka]
aneto (m)	**кроп** (м)	['krɔp]
anguilla (f)	**вугор** (м)	[vu'ɦɔr]
anguria (f)	**кавун** (м)	[ka'vun]
anice (m)	**аніс** (м)	[a'nis]
antipasto (m)	**закуска** (ж)	[za'kuska]
aperitivo (m)	**аперытыў** (м)	[aperɨ'tɨw]
appetito (m)	**апетыт** (м)	[ape'tɨt]
apribottiglie (m)	**адкрывалка** (ж)	[atkrɨ'valka]
apriscatole (m)	**адкрывалка** (ж)	[atkrɨ'valka]
arachide (f)	**арахіс** (м)	[a'rahis]
aragosta (f)	**лангуст** (м)	[lan'ɦust]
arancia (f)	**апельсін** (м)	[apelʲ'sin]
aringa (f)	**селядзец** (м)	[selʲa'ʣeʦ]
asparago (m)	**спаржа** (ж)	['sparʒa]
avena (f)	**авёс** (м)	[a'vʲos]
avocado (m)	**авакада** (н)	[ava'kada]
bacca (f)	**ягада** (ж)	['ʲaɦada]
bacche (f pl)	**ягады** (ж мн)	['ʲaɦadɨ]
banana (f)	**банан** (м)	[ba'nan]
barbabietola (f)	**бурак** (м)	[bu'rak]
barista (m)	**бармэн** (м)	[bar'mɛn]
basilico (m)	**базілік** (м)	[bazi'lik]
bevanda (f) analcolica	**безалкагольны напітак** (м)	[bezalka'ɦɔlʲnɨ na'pitak]
bevande (f pl) alcoliche	**алкагольныя напіткі** (м мн)	[alka'ɦɔlʲnɨʲa na'pitki]
bibita (f)	**прахаладжальны напітак** (м)	[prahala'ʤalʲnɨ na'pitak]

bicchiere (m)	**шклянка** (ж)	['ʃklʲanka]
birra (f)	**піва** (н)	['piva]
birra (f) chiara	**светлае піва** (н)	['svetlae 'piva]
birra (f) scura	**цёмнае піва** (н)	['tsʲomnae 'piva]
biscotti (m pl)	**печыва** (н)	['petʃɨva]
bistecca (f)	**біфштэкс** (м)	[bif'ʃtɛks]
boleto (m) rufo	**падасінавік** (м)	[pada'sinavik]
bollito	**вараны**	['varanɨ]
briciola (f)	**крошка** (ж)	['krɔʃka]
broccolo (m)	**капуста** (ж) **браколі**	[ka'pusta bra'kɔli]
brodo (m)	**булён** (м)	[bu'lʲon]
buccia (f)	**лупіна** (ж)	[lu'pina]
Buon appetito!	**Смачна есці!**	[smatʃna 'esʲtsi]
buono, gustoso	**смачны**	['smatʃnɨ]
burro (m)	**масла** (н)	['masla]
cacciagione (f)	**дзічына** (ж)	[dzi'tʃɨna]
caffè (m)	**кава** (ж)	['kava]
caffè (m) nero	**чорная кава** (ж)	['tʃɔrnaʲa 'kava]
caffè (m) solubile	**растваральная кава** (ж)	[rastva'ralʲnaʲa 'kava]
caffè latte (m)	**кава** (ж) **з малаком**	['kava z mala'kɔm]
calamaro (m)	**кальмар** (м)	[kalʲ'mar]
caldo	**гарачы**	[ɦa'ratʃɨ]
calice (m)	**келіх** (м)	['kelih]
caloria (f)	**калорыя** (ж)	[ka'lɔrɨʲa]
cameriera (f)	**афіцыянтка** (ж)	[afitsɨ'ʲantka]
cameriere (m)	**афіцыянт** (м)	[afitsɨ'ʲant]
cannella (f)	**карыца** (ж)	[ka'rɨtsa]
cappuccino (m)	**кава** (ж) **з вяршкамі**	['kava zʲ vʲarʃ'kami]
caramella (f)	**цукерка** (ж)	[tsu'kerka]
carboidrati (m pl)	**вугляводы** (м мн)	[vuɦlʲa'vɔdɨ]
carciofo (m)	**артышок** (м)	[artɨ'ʃɔk]
carne (f)	**мяса** (н)	['mʲasa]
carne (f) trita	**фарш** (м)	['farʃ]
carota (f)	**морква** (ж)	['mɔrkva]
carpa (f)	**карп** (м)	['karp]
cavatappi (m)	**штопар** (м)	['ʃtɔpar]
caviale (m)	**ікра** (ж)	[ik'ra]
cavoletti (m pl) di Bruxelles	**брусельская капуста** (ж)	[bru'selʲskaʲa ka'pusta]
cavolfiore (m)	**квяцістая капуста** (ж)	[kvʲa'tsistaʲa ka'pusta]
cavolo (m)	**капуста** (ж)	[ka'pusta]
cena (f)	**вячэра** (ж)	[vʲa'tʃɛra]
cereali (m pl)	**крупы** (мн)	['krupɨ]
cereali (m pl)	**зерневыя расліны** (ж мн)	[zernevɨʲa ra'slinɨ]
cetriolo (m)	**агурок** (м)	[aɦu'rɔk]
champagne (m)	**шампанскае** (н)	[ʃam'panskae]
chiodi (m pl) di garofano	**гваздзікі** (ж)	[ɦvazʲ'dzʲiki]
cibi (m pl) in scatola	**кансервы** (ж мн)	[kan'servɨ]
cibo (m)	**ежа** (ж)	['eʒa]
ciliegia (f)	**чарэшня** (ж)	[tʃa'rɛʃnʲa]
cioccolato (m)	**шакалад** (м)	[ʃaka'lat]
cipolla (f)	**цыбуля** (ж)	[tsɨ'bulʲa]

cocktail (m)	**кактэйль** (м)	[kak'tɛjlʲ]
cognac (m)	**каньяк** (м)	[ka'nʲak]
colazione (f)	**сняданак** (м)	[snʲa'danak]
coltello (m)	**нож** (м)	['nɔʃ]
con ghiaccio	**з лёдам**	[zʲ 'lʲodam]
condimento (m)	**прыправа** (ж)	[prɨp'rava]
congelato	**замарожаны**	[zama'rɔʒanɨ]
coniglio (m)	**трус** (м)	['trus]
conto (m)	**рахунак** (м)	[ra'hunak]
contorno (m)	**гарнір** (м)	[ɦar'nir]
coriandolo (m)	**каляндра** (ж)	[ka'lʲandra]
crema (f)	**крэм** (м)	['krɛm]
cren (m)	**хрэн** (м)	['hrɛn]
crostacei (m pl)	**ракападобныя** (мн)	[rakapa'dobnɨʲa]
crostata (f)	**пірог** (м)	[pi'rɔɦ]
cucchiaino (m) da tè	**чайная лыжка** (ж)	['ʧajnaʲa 'lɨʃka]
cucchiaio (m)	**лыжка** (ж)	['lɨʃka]
cucchiaio (m)	**сталовая лыжка** (ж)	[sta'lɔvaʲa 'lɨʃka]
cucina (f)	**кухня** (ж)	['kuhnʲa]
cumino, comino (m)	**кмен** (м)	['kmen]
dattero (m)	**фінік** (м)	['finik]
dieta (f)	**дыета** (ж)	[dɨ'eta]
dolce	**салодкі**	[sa'lɔtki]
dolce (m)	**дэсерт** (м)	[dɛ'sert]
fagiolo (m)	**фасоля** (ж)	[fa'sɔlʲa]
farina (f)	**мука** (ж)	[mu'ka]
fave (f pl)	**боб** (м)	['bɔp]
fegato (m)	**печань** (ж)	['peʧanʲ]
fetta (f), fettina (f)	**лустачка** (ж)	['lustaʧka]
fico (m)	**інжыр** (м)	[in'ʒɨr]
fiocchi (m pl) di mais	**кукурузныя шматкі** (м мн)	[kuku'ruznɨʲa ʃmat'ki]
forchetta (f)	**відэлец** (м)	[vi'dɛlets]
formaggio (m)	**сыр** (м)	['sɨr]
fragola (f)	**клубніцы** (ж мн)	[klub'nitsɨ]
fragola (f) di bosco	**суніцы** (ж мн)	[su'nitsɨ]
freddo	**халодны**	[ha'lɔdnɨ]
frittata (f)	**амлет** (м)	[am'let]
fritto	**смажаны**	['smaʒanɨ]
frizzante	**з газам**	[z 'ɦazam]
frullato (m)	**малочны кактэйль** (м)	[ma'lɔʧnɨ kak'tɛjlʲ]
frumento (m)	**пшаніца** (ж)	[pʃa'nitsa]
frutti (m pl)	**садавіна** (ж)	[sada'vina]
frutti (m pl) di mare	**морапрадукты** (м мн)	[mɔrapra'duktɨ]
frutto (m)	**фрукт** (м)	['frukt]
fungo (m)	**грыб** (м)	['ɦrɨp]
fungo (m) commestibile	**ядомы грыб** (м)	[ʲa'dɔmɨ 'ɦrɨp]
fungo (m) moscario	**паганка** (ж)	[pa'ɦanka]
fungo (m) velenoso	**атрутны грыб** (м)	[a'trutnɨ 'ɦrɨp]
gallinaccio (m)	**лісічка** (ж)	[li'siʧka]
gamberetto (m)	**крэветка** (ж)	[krɛ'vetka]
gassata	**газіраваны**	[ɦazira'vanɨ]
gelato (m)	**марожанае** (н)	[ma'rɔʒanae]

ghiaccio (m)	**лёд** (м)	['lʲot]
gin (m)	**джын** (м)	['ʤɨn]
gomma (f) da masticare	**жавальная гумка** (ж)	[ʒa'valʲnaʲa 'ɦumka]
granchio (m)	**краб** (м)	['krap]
grano (m)	**зерне** (н)	['zerne]
grano (m) saraceno	**грэчка** (ж)	['ɦrɛʧka]
grassi (m pl)	**тлушчы** (м мн)	[tlu'ʃɕɨ]
gusto (m)	**смак** (м)	['smak]
hamburger (m)	**гамбургер** (м)	['ɦamburɦer]
insalata (f)	**салата** (ж)	[sa'lata]
ippoglosso (m)	**палтус** (м)	['paltus]
kiwi (m)	**ківі** (м)	['kivi]
lampone (m)	**маліны** (ж мн)	[ma'linɨ]
latte (m)	**малако** (н)	[mala'kɔ]
latte (m) condensato	**згушчанае малако** (н)	['zɦuʃɕanae mala'kɔ]
lattuga (f)	**салата** (ж)	[sa'lata]
lenticchie (f pl)	**сачавіца** (ж)	[saʧa'viʦa]
limonata (f)	**ліманад** (м)	[lima'nat]
limone (m)	**лімон** (м)	[li'mɔn]
lingua (f)	**язык** (м)	[ʲa'zɨk]
liquore (m)	**лікёр** (м)	[li'kʲor]
liscia, non gassata	**без газу**	[bʲaz 'ɦazu]
lista (f) dei vini	**карта** (ж) **вінаў**	['karta 'vinaw]
luccio (m)	**шчупак** (м)	[ʃɕu'pak]
lucioperca (f)	**судак** (м)	[su'dak]
maiale (m)	**свініна** (ж)	[svi'nina]
maionese (m)	**маянэз** (м)	[maʲa'nɛs]
mais (m)	**кукуруза** (ж)	[kuku'ruza]
mais (m)	**кукуруза** (ж)	[kuku'ruza]
mancia (f)	**чаявыя** (мн)	[ʧaʲa'vɨʲa]
mandarino (m)	**мандарын** (м)	[manda'rɨn]
mandorla (f)	**міндаль** (м)	[min'dalʲ]
mango (m)	**манга** (н)	['manɦa]
manzo (m)	**ялавічына** (ж)	['ʲalaviʧɨna]
margarina (f)	**маргарын** (м)	[marɦa'rɨn]
marmellata (f)	**джэм** (м)	['ʤɛm]
marmellata (f)	**варэнне** (н)	[va'rɛnne]
marmellata (f) di agrumi	**мармелад** (м)	[marme'lat]
mela (f)	**яблык** (м)	['ʲablɨk]
melagrana (f)	**гранат** (м)	[ɦra'nat]
melanzana (f)	**баклажан** (м)	[bakla'ʒan]
melone (m)	**дыня** (ж)	['dɨnʲa]
menù (m)	**меню** (н)	[me'nʉ]
merluzzo (m)	**траска** (ж)	[tras'ka]
miele (m)	**мёд** (м)	['mʲot]
miglio (m)	**проса** (н)	['prɔsa]
minestra (f)	**суп** (м)	['sup]
mirtillo (m)	**чарніцы** (ж мн)	[ʧar'niʦɨ]
mirtillo (m) di palude	**журавіны** (ж мн)	[ʒura'vinɨ]
mirtillo (m) rosso	**брусніцы** (ж мн)	[brus'niʦɨ]
mora (f)	**ажыны** (ж мн)	[a'ʒɨnɨ]
nocciola (f)	**арэх** (м)	[a'rɛh]

noce (f)	**арэх** (м)	[a'rɛh]
noce (f) di cocco	**арэх** (м) **какосавы**	[a'rɛh ka'kɔsavɨ]
oca (f)	**гусь** (ж)	['ɦusʲ]
olio (m) d'oliva	**алей** (м) **алiўкавы**	[a'lej a'liwkavɨ]
olio (m) di girasole	**сланечнікавы алей** (м)	[sla'netʃnikavɨ a'lej]
olio (m) vegetale	**алей** (м)	[a'lej]
olive (f pl)	**алівы** (ж мн)	[a'livɨ]
ortaggi (m pl)	**гародніна** (ж)	[ɦa'rɔdnina]
orzo (m)	**ячмень** (м)	[ʲatʃ'menʲ]
ostrica (f)	**вустрыца** (ж)	['vustrɨtsa]
ovolaccio (m)	**мухамор** (м)	[muha'mɔr]
pâté (m)	**паштэт** (м)	[paʃ'tɛt]
pancetta (f)	**бекон** (м)	[be'kɔn]
pane (m)	**хлеб** (м)	['hlep]
panino (m)	**бутэрброд** (м)	[butɛr'brɔt]
panna (f)	**вяршкі** (мн)	[vʲar'ʃki]
panna (f) acida	**смятана** (ж)	[smʲa'tana]
papaia (f)	**папайя** (ж)	[pa'paʲa]
paprica (f)	**папрыка** (ж)	['paprɨka]
pasta (f)	**макарона** (ж)	[maka'rɔna]
pasticceria (f)	**кандытарскія вырабы** (м мн)	[kan'dɨtarskiʲa 'vɨrabɨ]
patata (f)	**бульба** (ж)	['bulʲba]
pepe (m) nero	**чорны перац** (м)	['tʃɔrnɨ 'perats]
peperoncino (m)	**чырвоны перац** (м)	[tʃɨr'vɔnɨ 'perats]
peperone (m)	**перац** (м)	['perats]
pera (f)	**груша** (ж)	['ɦruʃa]
perca (f)	**акунь** (м)	[a'kunʲ]
pesca (f)	**персік** (м)	['persik]
pesce (m)	**рыба** (ж)	['rɨba]
pesce (m) gatto	**сом** (м)	['sɔm]
pezzo (m)	**кавалак** (м)	[ka'valak]
piattino (m)	**сподак** (м)	['spɔdak]
piatto (m)	**страва** (ж)	['strava]
piatto (m)	**талерка** (ж)	[ta'lerka]
pisello (m)	**гарох** (м)	[ɦa'rɔh]
pistacchi (m pl)	**фісташкі** (ж мн)	[fis'taʃki]
pizza (f)	**піца** (ж)	['pitsa]
pollo (m)	**курыца** (ж)	['kurɨtsa]
pomodoro (m)	**памідор** (м)	[pami'dɔr]
pompelmo (m)	**грэйпфрут** (м)	[ɦrɛjp'frut]
porcinello (m)	**падбярозавік** (м)	[padbʲa'rɔzavik]
porcino (m)	**баравік** (м)	[bara'vik]
porridge (m)	**каша** (ж)	['kaʃa]
porzione (f)	**порцыя** (ж)	['pɔrtsɨʲa]
pranzo (m)	**абед** (м)	[a'bet]
prezzemolo (m)	**пятрушка** (ж)	[pʲat'ruʃka]
prosciutto (m)	**вяндліна** (ж)	[vʲand'lina]
prosciutto (m) affumicato	**кумпяк** (м)	[kum'pʲak]
proteine (f pl)	**бялкі** (м мн)	[bʲal'ki]
prugna (f)	**сліва** (ж)	['sliva]
pub (m), bar (m)	**бар** (м)	['bar]

purè (m) di patate	**бульбяное пюрэ** (н)	[bulʲbʲa'nɔe pʉ'rɛ]
rapa (f)	**рэпа** (ж)	['rɛpa]
ravanello (m)	**радыска** (ж)	[ra'dɨska]
retrogusto (m)	**прысмак** (м)	['prɨsmak]
ribes (m) nero	**чорныя парэчкі** (ж мн)	['ʧɔrnɨʲa pa'rɛʧki]
ribes (m) rosso	**чырвоныя парэчкі** (ж мн)	[ʧɨr'vɔnɨʲa pa'rɛʧki]
ricetta (f)	**рэцэпт** (м)	[rɛ'ʦɛpt]
ripieno (m)	**начынка** (ж)	[na'ʧɨnka]
riso (m)	**рыс** (м)	['rɨs]
rossola (f)	**сыраежка** (ж)	[sɨra'eʃka]
rum (m)	**ром** (м)	['rɔm]
salame (m)	**каўбаса** (ж)	[kawba'sa]
salato	**салёны**	[sa'lʲonɨ]
sale (m)	**соль** (ж)	['sɔlʲ]
salmone (m)	**ласось** (м)	[la'sɔsʲ]
salmone (m)	**сёмга** (ж)	['sʲomɦa]
salsa (f)	**соус** (м)	['sɔus]
sardina (f)	**сардзіна** (ж)	[sar'ʣina]
scombro (m)	**скумбрыя** (ж)	['skumbrɨʲa]
secco	**сушаны**	['suʃanɨ]
sedano (m)	**сельдэрэй** (м)	[selʲdɛ'rɛj]
segale (f)	**жыта** (н)	['ʒɨta]
senape (f)	**гарчыца** (ж)	[ɦar'ʧɨʦa]
sesamo (m)	**кунжут** (м)	[kun'ʒut]
sogliola (f)	**камбала** (ж)	['kambala]
soia (f)	**соя** (ж)	['sɔʲa]
sottoaceto	**марынаваны**	[marɨna'vanɨ]
spaghetti (m pl)	**спагеці** (мн)	[spa'ɦeʦi]
spezie (f pl)	**духмяная спецыя** (ж)	[duh'mʲanaʲa 'speʦɨʲa]
spiga (f)	**колас** (м)	['kɔlas]
spinaci (m pl)	**шпінат** (м)	[ʃpi'nat]
spremuta (f)	**свежавыціснуты сок** (м)	[sveʒa'vɨʦisnutɨ 'sɔk]
spugnola (f)	**смаржок** (м)	[smar'ʒɔk]
squalo (m)	**акула** (ж)	[a'kula]
storione (m)	**асятрына** (ж)	[asʲa'trɨna]
stuzzicadenti (m)	**зубачыстка** (ж)	[zuba'ʧɨstka]
succo (m)	**сок** (м)	['sɔk]
succo (m) d'arancia	**апельсінавы сок** (м)	[apelʲ'sinavɨ 'sɔk]
succo (m) di pomodoro	**таматны сок** (м)	[ta'matnɨ 'sɔk]
tè (m)	**чай** (м)	['ʧaj]
tè (m) nero	**чорны чай** (м)	['ʧɔrnɨ 'ʧaj]
tè (m) verde	**зялёны чай** (м)	[zʲa'lʲonɨ 'ʧaj]
tacchino (m)	**індычка** (ж)	[in'dɨʧka]
tagliatelle (f pl)	**локшына** (ж)	['lɔkʃɨna]
tazza (f)	**кубак** (м)	['kubak]
tonno (m)	**тунец** (м)	[tu'neʦ]
torta (f)	**торт** (м)	['tɔrt]
tortina (f)	**пірожнае** (н)	[pi'rɔʒnae]
trota (f)	**стронга** (ж)	['strɔnɦa]
tuorlo (m)	**жаўток** (м)	[ʒaw'tɔk]
uova (f pl)	**яйкі** (н мн)	['ʲajki]
uova (f pl) al tegamino	**яечня** (ж)	[ʲa'eʧnʲa]

uovo (m)	**яйка** (н)	[ˈʲajka]
uva (f)	**вінаград** (м)	[vinaˈɦrat]
uva (f) spina	**агрэст** (м)	[aɦˈrɛst]
uvetta (f)	**разынкі** (ж мн)	[raˈzɨnki]
vegetariano	**вегетарыянскі**	[veɦetarɨˈʲanski]
vegetariano (m)	**вегетарыянец** (м)	[veɦetarɨˈʲanets]
verdura (f)	**зяляніна** (ж)	[zelʲaˈnina]
vermouth (m)	**вермут** (м)	[ˈvermut]
vino (m)	**віно** (н)	[viˈnɔ]
vino (m) bianco	**белае віно** (н)	[ˈbelae viˈnɔ]
vino (m) rosso	**чырвонае віно** (н)	[tʃɨrˈvɔnae viˈnɔ]
vitamina (f)	**вітамін** (м)	[vitaˈmin]
vitello (m)	**цяляціна** (ж)	[tsʲaˈlʲatsina]
vodka (f)	**гарэлка** (ж)	[ɦaˈrɛlka]
würstel (m)	**сасіска** (ж)	[saˈsiska]
wafer (m)	**вафлі** (ж мн)	[ˈvafli]
whisky	**віскі** (н)	[ˈviski]
yogurt (m)	**ёгурт** (м)	[ˈʲoɦurt]
zafferano (m)	**шафран** (м)	[ʃafˈran]
zenzero (m)	**імбір** (м)	[imˈbir]
zucca (f)	**гарбуз** (м)	[ɦarˈbus]
zucchero (m)	**цукар** (м)	[ˈtsukar]
zucchina (f)	**кабачок** (м)	[kabaˈtʃɔk]

Bielorusso-Italiano dizionario gastronomico

абед (м)	[a'bet]	pranzo (m)
абрыкос (м)	[abrɨ'kɔs]	albicocca (f)
авакада (н)	[ava'kada]	avocado (m)
авёс (м)	[a'vʲos]	avena (f)
агрэст (м)	[aɦ'rɛst]	uva (f) spina
агурок (м)	[aɦu'rɔk]	cetriolo (m)
адкрывалка (ж)	[atkrɨ'valka]	apribottiglie (m)
адкрывалка (ж)	[atkrɨ'valka]	apriscatole (m)
ажыны (ж мн)	[a'ʒɨnɨ]	mora (f)
акула (ж)	[a'kula]	squalo (m)
акунь (м)	[a'kunʲ]	perca (f)
алей (м)	[a'lej]	olio (m) vegetale
алей (м) **аліўкавы**	[a'lej a'liwkavɨ]	olio (m) d'oliva
алівы (ж мн)	[a'livɨ]	olive (f pl)
алкагольныя напіткі (м мн)	[alka'ɦɔlʲnɨʲa na'pitki]	bevande (f pl) alcoliche
амлет (м)	[am'let]	frittata (f)
ананас (м)	[ana'nas]	ananas (m)
аніс (м)	[a'nis]	anice (m)
апельсін (м)	[apelʲ'sin]	arancia (f)
апельсінавы сок (м)	[apelʲ'sinavɨ 'sɔk]	succo (m) d'arancia
аперытыў (м)	[aperɨ'tɨw]	aperitivo (m)
апетыт (м)	[ape'tɨt]	appetito (m)
арахіс (м)	[a'rahis]	arachide (f)
артышок (м)	[artɨ'ʃɔk]	carciofo (m)
арэх (м)	[a'rɛh]	noce (f)
арэх (м)	[a'rɛh]	nocciola (f)
арэх (м) **какосавы**	[a'rɛh ka'kɔsavɨ]	noce (f) di cocco
асятрына (ж)	[asʲa'trɨna]	storione (m)
атрутны грыб (м)	[a'trutnɨ 'ɦrɨp]	fungo (m) velenoso
афіцыянт (м)	[afitsɨʲ'ant]	cameriere (m)
афіцыянтка (ж)	[afitsɨʲ'antka]	cameriera (f)
базілік (м)	[bazi'lik]	basilico (m)
баклажан (м)	[bakla'ʒan]	melanzana (f)
банан (м)	[ba'nan]	banana (f)
бар (м)	['bar]	pub (m), bar (m)
баравік (м)	[bara'vik]	porcino (m)
бараніна (ж)	[ba'ranina]	agnello (m)
бармэн (м)	[bar'mɛn]	barista (m)
без газу	[bʲaz 'ɦazu]	liscia, non gassata
безалкагольны	[bezalka'ɦɔlʲnɨ]	analcolico
безалкагольны напітак (м)	[bezalka'ɦɔlʲnɨ na'pitak]	bevanda (f) analcolica
бекон (м)	[be'kɔn]	pancetta (f)

белае віно (н)	['belae vi'nɔ]	vino (m) bianco
біфштэкс (м)	[bif'ʃtɛks]	bistecca (f)
боб (м)	['bɔp]	fave (f pl)
брусельская капуста (ж)	[bru'selʲskaʲa ka'pusta]	cavoletti (m pl) di Bruxelles
брусніцы (ж мн)	[brus'nitsɨ]	mirtillo (m) rosso
булён (м)	[bu'lʲon]	brodo (m)
бульба (ж)	['bulʲba]	patata (f)
бульбяное пюрэ (н)	[bulʲbʲa'nɔe pʉ'rɛ]	purè (m) di patate
бурак (м)	[bu'rak]	barbabietola (f)
бутэрброд (м)	[butɛr'brɔt]	panino (m)
бялкі (м мн)	[bʲal'ki]	proteine (f pl)
бялок (м)	[bʲa'lɔk]	albume (m)
вада (ж)	[va'da]	acqua (f)
вараны	['varanɨ]	bollito
варэнне (н)	[va'rɛnne]	marmellata (f)
вафлі (ж мн)	['vafli]	wafer (m)
вегетарыянец (м)	[veɦetarɨʲanets]	vegetariano (m)
вегетарыянскі	[veɦetarɨʲanski]	vegetariano
вермут (м)	['vermut]	vermouth (m)
відэлец (м)	[vi'dɛlets]	forchetta (f)
вінаград (м)	[vina'ɦrat]	uva (f)
віно (н)	[vi'nɔ]	vino (m)
віскі (н)	['viski]	whisky
вітамін (м)	[vita'min]	vitamina (f)
вішня (ж)	['viʃnʲa]	amarena (f)
воцат (м)	['vɔtsat]	aceto (m)
вугляводы (м мн)	[vuɦlʲa'vɔdɨ]	carboidrati (m pl)
вугор (м)	[vu'ɦɔr]	anguilla (f)
вустрыца (ж)	['vustrɨtsa]	ostrica (f)
вэнджаны	['vɛndʒanɨ]	affumicato
вяндліна (ж)	[vʲand'lina]	prosciutto (m)
вяршкі (мн)	[vʲar'ʃki]	panna (f)
вячэра (ж)	[vʲa'tʃɛra]	cena (f)
газіраваны	[ɦazira'vanɨ]	gassata
гамбургер (м)	['ɦamburɦer]	hamburger (m)
гарачы	[ɦa'ratʃɨ]	caldo
гарбуз (м)	[ɦar'bus]	zucca (f)
гарнір (м)	[ɦar'nir]	contorno (m)
гародніна (ж)	[ɦa'rɔdnina]	ortaggi (m pl)
гарох (м)	[ɦa'rɔh]	pisello (m)
гарчыца (ж)	[ɦar'tʃɨtsa]	senape (f)
гарэлка (ж)	[ɦa'rɛlka]	vodka (f)
гваздзіка (ж)	[ɦvazʲ'dzika]	chiodi (m pl) di garofano
горкі	['ɦɔrki]	amaro
гранат (м)	[ɦra'nat]	melagrana (f)
груша (ж)	['ɦruʃa]	pera (f)
грыб (м)	['ɦrɨp]	fungo (m)
грэйпфрут (м)	[ɦrɛjp'frut]	pompelmo (m)
грэчка (ж)	['ɦrɛtʃka]	grano (m) saraceno
гусь (ж)	['ɦusʲ]	oca (f)
джын (м)	['dʒɨn]	gin (m)

джэм (м) ['dʒɛm] marmellata (f)
дзічына (ж) [dzi'ʧɨna] cacciagione (f)
духмяная спецыя (ж) [duh'mʲanaʲa 'speʦɨʲa] spezie (f pl)
дыета (ж) [dɨ'eta] dieta (f)
дыня (ж) ['dɨnʲa] melone (m)
дэсерт (м) [dɛ'sert] dolce (m)
ежа (ж) ['eʒa] cibo (m)
ёгурт (м) ['ʲoɦurt] yogurt (m)
жавальная гумка (ж) [ʒa'valʲnaʲa 'ɦumka] gomma (f) da masticare
жаўток (м) [ʒaw'tɔk] tuorlo (m)
журавіны (ж мн) [ʒura'vinɨ] mirtillo (m) di palude
жыта (н) ['ʒɨta] segale (f)
з газам [z 'ɦazam] frizzante
з лёдам [zʲ 'lʲodam] con ghiaccio
закуска (ж) [za'kuska] antipasto (m)
замарожаны [zama'rɔʒanɨ] congelato
згушчанае малако (н) ['zɦuʃɕanae mala'kɔ] latte (m) condensato
зяляніна (ж) [zelʲa'nina] verdura (f)
зерне (н) ['zerne] grano (m)
зерневыя расліны (ж мн) [zernevɨʲa ra'slinɨ] cereali (m pl)
зубачыстка (ж) [zuba'ʧɨstka] stuzzicadenti (m)
зялёны чай (м) [zʲa'lʲonɨ 'ʧaj] tè (m) verde
ікра (ж) [ik'ra] caviale (m)
імбір (м) [im'bir] zenzero (m)
індычка (ж) [in'dɨʧka] tacchino (m)
інжыр (м) [in'ʒɨr] fico (m)
кабачок (м) [kaba'ʧɔk] zucchina (f)
кава (ж) ['kava] caffè (m)
кава (ж) **з вяршкамі** ['kava zʲ vʲarʃ'kami] cappuccino (m)
кава (ж) **з малаком** ['kava z mala'kɔm] caffè latte (m)
кавалак (м) [ka'valak] pezzo (m)
кавун (м) [ka'vun] anguria (f)
召ктэйль (м) [kak'tɛjlʲ] cocktail (m)
калорыя (ж) [ka'lɔrɨʲa] caloria (f)
кальмар (м) [kalʲ'mar] calamaro (m)
каляндра (ж) [ka'lʲandra] coriandolo (m)
камбала (ж) ['kambala] sogliola (f)
кандытарскія вырабы (м мн) [kan'dɨtarskiʲa 'vɨrabɨ] pasticceria (f)
кансервы (ж мн) [kan'servɨ] cibi (m pl) in scatola
каньяк (м) [ka'nʲak] cognac (m)
капуста (ж) [ka'pusta] cavolo (m)
капуста (ж) **браколі** [ka'pusta bra'kɔli] broccolo (m)
карп (м) ['karp] carpa (f)
карта (ж) **вінаў** ['karta 'vinaw] lista (f) dei vini
карыца (ж) [ka'rɨʦa] cannella (f)
каўбаса (ж) [kawba'sa] salame (m)
качка (ж) ['kaʧka] anatra (f)
каша (ж) ['kaʃa] porridge (m)
квяцістая капуста (ж) [kvʲa'ʦistaʲa ka'pusta] cavolfiore (m)
келіх (м) ['kelih] calice (m)
ківі (м) ['kivi] kiwi (m)

клубніцы (ж мн)	[klub'nitsɨ]	fragola (f)
кмен (м)	['kmen]	cumino, comino (m)
колас (м)	['kɔlas]	spiga (f)
краб (м)	['krap]	granchio (m)
кроп (м)	['krɔp]	aneto (m)
крошка (ж)	['krɔʃka]	briciola (f)
крупы (мн)	['krupɨ]	cereali (m pl)
крэветка (ж)	[krɛ'vetka]	gamberetto (m)
крэм (м)	['krɛm]	crema (f)
кубак (м)	['kubak]	tazza (f)
кукуруза (ж)	[kuku'ruza]	mais (m)
кукуруза (ж)	[kuku'ruza]	mais (m)
кукурузныя шматкі (м мн)	[kuku'ruznɨʲa ʃmat'ki]	fiocchi (m pl) di mais
кумпяк (м)	[kum'pʲak]	prosciutto (m) affumicato
кунжут (м)	[kun'ʒut]	sesamo (m)
курыца (ж)	['kurɨtsa]	pollo (m)
кухня (ж)	['kuhnʲa]	cucina (f)
лангуст (м)	[lan'ɦust]	aragosta (f)
ласось (м)	[la'sɔsʲ]	salmone (m)
лаўровы ліст (м)	[law'rɔvɨ 'list]	alloro (m)
лешч (м)	['leʃɕ]	abramide (f)
лёд (м)	['lʲot]	ghiaccio (m)
лікёр (м)	[li'kʲor]	liquore (m)
ліманад (м)	[lima'nat]	limonata (f)
лімон (м)	[li'mɔn]	limone (m)
лісічка (ж)	[li'sitʃka]	gallinaccio (m)
локшына (ж)	['lɔkʃɨna]	tagliatelle (f pl)
лупіна (ж)	[lu'pina]	buccia (f)
лустачка (ж)	['lustatʃka]	fetta (f), fettina (f)
лыжка (ж)	['lɨʃka]	cucchiaio (m)
макарона (ж)	[maka'rɔna]	pasta (f)
малако (н)	[mala'kɔ]	latte (m)
маліны (ж мн)	[ma'linɨ]	lampone (m)
малочны кактэйль (м)	[ma'lɔtʃnɨ kak'tɛjlʲ]	frullato (m)
манга (н)	['manɦa]	mango (m)
мандарын (м)	[manda'rɨn]	mandarino (m)
маргарын (м)	[marɦa'rɨn]	margarina (f)
мармелад (м)	[marme'lat]	marmellata (f) di agrumi
марожанае (н)	[ma'rɔʒanae]	gelato (m)
марынаваны	[marɨna'vanɨ]	sottoaceto
масла (н)	['masla]	burro (m)
маянэз (м)	[maʲa'nɛs]	maionese (m)
меню (н)	[me'nʉ]	menù (m)
мёд (м)	['mʲot]	miele (m)
міндаль (м)	[min'dalʲ]	mandorla (f)
мінеральная вада (ж)	[mine'ralʲnaʲa va'da]	acqua (f) minerale
морапрадукты (м мн)	[mɔrapra'duktɨ]	frutti (m pl) di mare
морква (ж)	['mɔrkva]	carota (f)
мука (ж)	[mu'ka]	farina (f)
мухамор (м)	[muha'mɔr]	ovolaccio (m)
мяса (н)	['mʲasa]	carne (f)
начынка (ж)	[na'tʃɨnka]	ripieno (m)

нож (м)	['nɔʃ]	coltello (m)
паганка (ж)	[pa'ɦanka]	fungo (m) moscario
падасінавік (м)	[pada'sinavik]	boleto (m) rufo
падбярозавік (м)	[padbʲa'rɔzavik]	porcinello (m)
палтус (м)	['paltus]	ippoglosso (m)
памідор (м)	[pami'dɔr]	pomodoro (m)
папайя (ж)	[pa'paʲa]	papaia (f)
папрыка (ж)	['paprɨka]	paprica (f)
паштэт (м)	[paʃ'tɛt]	pâté (m)
перац (м)	['peraʦ]	peperone (m)
персік (м)	['persik]	pesca (f)
печань (ж)	['peʧanʲ]	fegato (m)
печыва (н)	['peʧɨva]	biscotti (m pl)
піва (н)	['piva]	birra (f)
пірог (м)	[pi'rɔɦ]	crostata (f)
пірожнае (н)	[pi'rɔʒnae]	tortina (f)
пітная вада (ж)	[pit'naʲa va'da]	acqua (f) potabile
піца (ж)	['piʦa]	pizza (f)
порцыя (ж)	['pɔrʦɨʲa]	porzione (f)
прахаладжальны напітак (м)	[prahala'ʤalʲnɨ na'pitak]	bibita (f)
проса (н)	['prɔsa]	miglio (m)
прыправа (ж)	[prɨp'rava]	condimento (m)
прысмак (м)	['prɨsmak]	retrogusto (m)
пшаніца (ж)	[pʃa'niʦa]	frumento (m)
пятрушка (ж)	[pʲat'ruʃka]	prezzemolo (m)
радыска (ж)	[ra'dɨska]	ravanello (m)
разынкі (ж мн)	[ra'zɨnki]	uvetta (f)
ракападобныя (мн)	[rakapa'dobnɨʲa]	crostacei (m pl)
растваральная кава (ж)	[rastva'ralʲnaʲa 'kava]	caffè (m) solubile
рахунак (м)	[ra'hunak]	conto (m)
ром (м)	['rɔm]	rum (m)
рыба (ж)	['rɨba]	pesce (m)
рыс (м)	['rɨs]	riso (m)
рэпа (ж)	['rɛpa]	rapa (f)
рэцэпт (м)	[rɛ'ʦɛpt]	ricetta (f)
садавіна (ж)	[sada'vina]	frutti (m pl)
салата (ж)	[sa'lata]	lattuga (f)
салата (ж)	[sa'lata]	insalata (f)
салёны	[sa'lʲɔnɨ]	salato
салодкі	[sa'lɔtki]	dolce
сардзіна (ж)	[sar'ʣina]	sardina (f)
сасіска (ж)	[sa'siska]	würstel (m)
сачавіца (ж)	[saʧa'viʦa]	lenticchie (f pl)
свежавыціснуты сок (м)	[sveʒa'vɨʦisnutɨ 'sɔk]	spremuta (f)
светлае піва (н)	['svetlae 'piva]	birra (f) chiara
свініна (ж)	[svi'nina]	maiale (m)
сельдэрэй (м)	[selʲdɛ'rɛj]	sedano (m)
селядзец (м)	[selʲa'ʣeʦ]	aringa (f)
сёмга (ж)	['sʲomɦa]	salmone (m)
скумбрыя (ж)	['skumbrɨʲa]	scombro (m)
сланечнікавы алей (м)	[sla'neʧnikavɨ a'lej]	olio (m) di girasole

сліва (ж)	['sliva]	prugna (f)
смажаны	['smaʒanɨ]	fritto
смак (м)	['smak]	gusto (m)
смаржок (м)	[smar'ʒɔk]	spugnola (f)
Смачна есці!	[smatʃna 'esʲtsi]	Buon appetito!
смачны	['smatʃnɨ]	buono, gustoso
смятана (ж)	[smʲa'tana]	panna (f) acida
сняданак (м)	[snʲa'danak]	colazione (f)
сок (м)	['sɔk]	succo (m)
соль (ж)	['sɔlʲ]	sale (m)
сом (м)	['sɔm]	pesce (m) gatto
соус (м)	['sɔus]	salsa (f)
соя (ж)	['sɔʲa]	soia (f)
спагеці (мн)	[spa'ɦetsi]	spaghetti (m pl)
спаржа (ж)	['sparʒa]	asparago (m)
сподак (м)	['spɔdak]	piattino (m)
сталовая лыжка (ж)	[sta'lɔvaʲa 'lɨʃka]	cucchiaio (m)
страва (ж)	['strava]	piatto (m)
стронга (ж)	['strɔnɦa]	trota (f)
судак (м)	[su'dak]	lucioperca (f)
суніцы (ж мн)	[su'nitsɨ]	fragola (f) di bosco
суп (м)	['sup]	minestra (f)
сушаны	['suʃanɨ]	secco
сыр (м)	['sɨr]	formaggio (m)
сыраежка (ж)	[sɨra'eʃka]	rossola (f)
талерка (ж)	[ta'lerka]	piatto (m)
таматны сок (м)	[ta'matnɨ 'sɔk]	succo (m) di pomodoro
тлушчы (м мн)	[tlu'ʃɕɨ]	grassi (m pl)
торт (м)	['tɔrt]	torta (f)
траска (ж)	[tras'ka]	merluzzo (m)
трус (м)	['trus]	coniglio (m)
тунец (м)	[tu'nets]	tonno (m)
фарш (м)	['farʃ]	carne (f) trita
фасоля (ж)	[fa'sɔlʲa]	fagiolo (m)
фінік (м)	['finik]	dattero (m)
фісташкі (ж мн)	[fis'taʃki]	pistacchi (m pl)
фрукт (м)	['frukt]	frutto (m)
халодны	[ha'lɔdnɨ]	freddo
хлеб (м)	['hlep]	pane (m)
хрэн (м)	['hrɛn]	cren (m)
цёмнае піва (н)	['tsʲomnae 'piva]	birra (f) scura
цукар (м)	['tsukar]	zucchero (m)
цукерка (ж)	[tsu'kerka]	caramella (f)
цыбуля (ж)	[tsɨ'bulʲa]	cipolla (f)
цяляціна (ж)	[tsʲa'lʲatsina]	vitello (m)
чай (м)	['tʃaj]	tè (m)
чайная лыжка (ж)	['tʃajnaʲa 'liʃka]	cucchiaino (m) da tè
чарніцы (ж мн)	[tʃar'nitsɨ]	mirtillo (m)
чарэшня (ж)	[tʃa'rɛʃnʲa]	ciliegia (f)
часнок (м)	[tʃas'nɔk]	aglio (m)
чаявыя (мн)	[tʃaʲa'vɨʲa]	mancia (f)
чорная кава (ж)	['tʃɔrnaʲa 'kava]	caffè (m) nero

чорны перац (м)	['ʧɔrnɨ 'peraʦ]	pepe (m) nero
чорны чай (м)	['ʧɔrnɨ 'ʧaj]	tè (m) nero
чорныя парэчкі (ж мн)	['ʧɔrnɨʲa pa'rɛʧki]	ribes (m) nero
чырвонае віно (н)	[ʧɨr'vɔnae vi'nɔ]	vino (m) rosso
чырвоны перац (м)	[ʧɨr'vɔnɨ 'peraʦ]	peperoncino (m)
чырвоныя парэчкі (ж мн)	[ʧɨr'vɔnɨʲa pa'rɛʧki]	ribes (m) rosso
шакалад (м)	[ʃaka'lat]	cioccolato (m)
шакаладны	[ʃaka'ladnɨ]	al cioccolato
шампанскае (н)	[ʃam'panskae]	champagne (m)
шафран (м)	[ʃaf'ran]	zafferano (m)
шклянка (ж)	['ʃklʲanka]	bicchiere (m)
шпінат (м)	[ʃpi'nat]	spinaci (m pl)
штопар (м)	['ʃtɔpar]	cavatappi (m)
шчупак (м)	[ʃɕu'pak]	luccio (m)
яблык (м)	['ʲablɨk]	mela (f)
ягада (ж)	['ʲaɦada]	bacca (f)
ягады (ж мн)	['ʲaɦadɨ]	bacche (f pl)
ядомы грыб (м)	[ʲa'dɔmɨ 'ɦrɨp]	fungo (m) commestibile
яечня (ж)	[ʲa'eʧnʲa]	uova (f pl) al tegamino
язык (м)	[ʲa'zɨk]	lingua (f)
яйка (н)	['ʲajka]	uovo (m)
яйкі (н мн)	['ʲajki]	uova (f pl)
ялавічына (ж)	['ʲalaviʧɨna]	manzo (m)
ячмень (м)	[ʲaʧ'menʲ]	orzo (m)

www.ingramcontent.com/pod-product-compliance
Lightning Source LLC
LaVergne TN
LVHW051258080426
835509LV00020B/3030